Couverture inférieure manquante

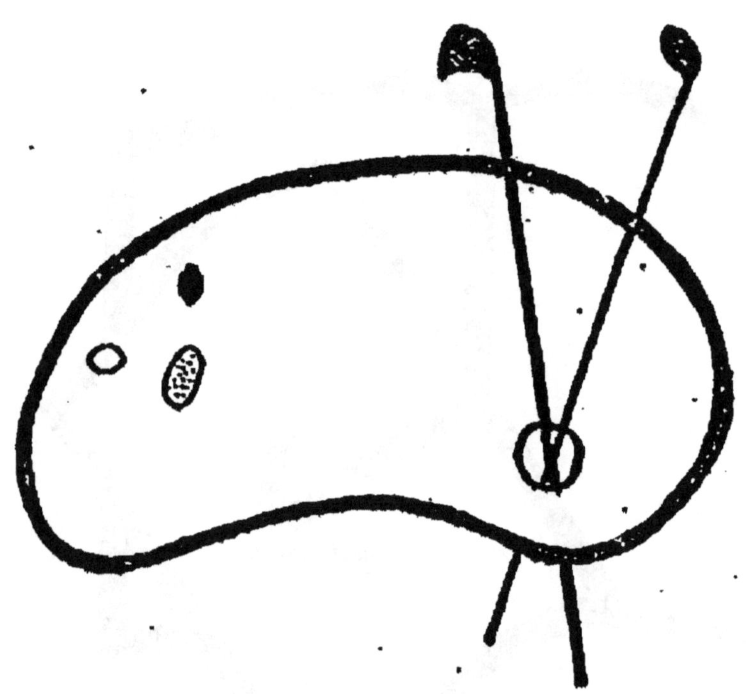

DEBUT D'UNE SERIE DE DOCUMENTS
EN COULEUR

CH. VINDEX

Le Ministère

Waldeck-Millerand

SON BILAN

Appel aux Électeurs

PARIS
LIBRAIRIE B. BLOUD
4, RUE MADAME ET RUE DE RENNES, 59
1902

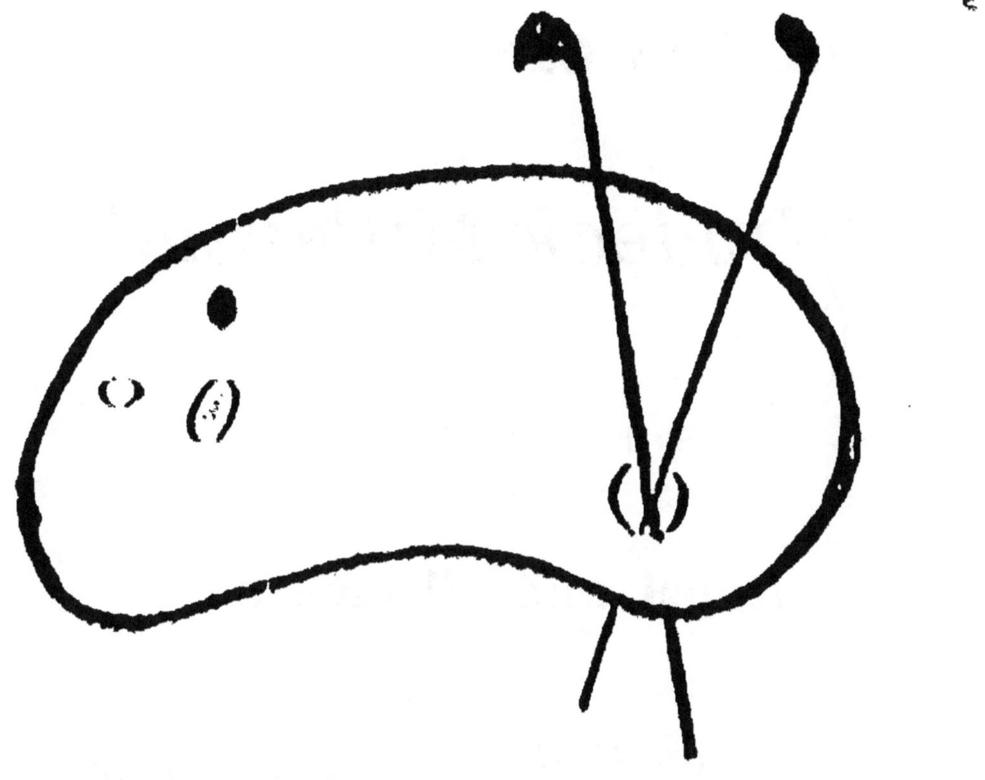

Ch. VINDEX

Le Ministère Waldeck-Millerand

SON BILAN

Appel aux Électeurs

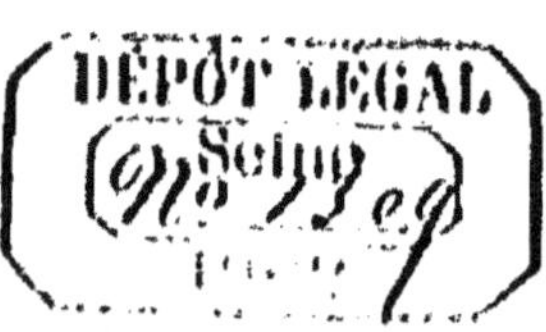

PARIS
LIBRAIRIE B. BLOUD
4, RUE MADAME ET RUE DE RENNES, 59

1902

Le Ministère Waldeck-Millerand

LES ORIGINES DU MINISTÈRE

Il est bon de rappeler d'abord les origines du Ministère. Le 23 juin 1899, au soir, on apprenait que M. Waldeck-Rousseau était enfin parvenu à constituer un cabinet.

A la lecture des noms, ce fut un éclat de rire universel. — « Ce n'est pas un ministère, c'est une gageure », disait la *République*. — M. Pelletan y voyait «une inconcevable et lugubre fantaisie ». — L'*Éclair* déclarait irrévérencieusement que « la liste avait l'air d'avoir été composée par un aliéné. M. Millerand y fait vis-à-vis au général de Galiffet. Où trouver la genèse de cette folie ? »

De fait, c'était parfaitement abracadabrant. M. Waldeck-Rousseau, le lieutenant de Gambetta, rentré naguère dans la vie politique pour combattre à outrance le collectivisme, M. Waldeck-Rousseau ouvrait lui-même la porte du pouvoir au chef dudit collectivisme. — M. Millerand, le héraut du parti, l'homme du discours de Saint-Mandé,qui avait cent fois traité Galiffet d'égorgeur, de bandit, d'assassin, mettait sa main dans la main sanglante du terrible général. — M. Delcassé devenait le collègue de ce Lanessan jadis précipitamment révoqué par lui, Delcassé, pour rapports trop intimes en Indo-Chine avec le maître chanteur Canivet. — On voyait aussi dans ce ministère carnavalesque le fils du ministre du 16 mai, M. Caillaux, coudoyer l'héritier du pur Baudin. — Enfin M. Monis, négociant en eaux-de-vie, ne paraissait pas déjà très qualifié pour porter la simarre. C'était très intrigant.

Et pourtant c'était très simple. Un journal donnait le mot de l'énigme, en groupant de la sorte les noms des Excellences :

Wal D eck-Rousseau,
Mille R and,
D E lcassé,
Le Y gues,
Gali F fet,
Ba U din,
de Lane S san,
C A illaux,
Dec R ais,
Jean D upuy,
Moni S .

Dreyfusards ! voilà ce que révélait la combinaison ingénieuse de ces noms. C'était la clé, le lien.

Jules Lemaître, sous une forme plus sérieuse, le constatait en ces termes : « D'où vient donc cet oubli du sang et des haines et cette frénésie du pardon des injures ?... Sans doute l'étranger a franchi la frontière, la Patrie est en danger, et c'est dans une pensée sublime, que ces héroïques ministres ont sacrifié leurs intérêts de partis et leurs plus féroces rancunes personnelles?

« Nullement... si ces bourgeois conservateurs et ces bourgeois révolutionnaires se donnent la main, c'est simplement, à ce qu'on dit, (et quelle autre explication pourrait-on trouver ?) pour peser sur l'arrêt d'un conseil de guerre, — c'est aussi pour « faire taire » des officiers coupables d'avoir prémuni leurs soldats contre le poison de feuilles affreuses qu'on distribue jusqu'aux portes des casernes, bref pour terroriser une armée adorée de la nation et pour réprimer des complots qui n'existent pas (1). »

Tel était bien le but du ministère de soi-disant « Défense Républicaine » : sauver Dreyfus, si c'était possible ; si l'on échouait dans cette tâche ardue, du moins venger l'officier deux fois condamné, le venger sur l'armée, sur la religion, sur la France même. — N'est-ce pas le programme qui se déroule, depuis deux ans et demi ? N'est-ce pas l'entreprise que l'histoire a le devoir d'écrire en lettres de sang et de boue?

(1) *L'Écho de Paris*, 25 juin 1899.

Nous avons rappelé la gaieté folâtre qui accueillit au berceau le monstrueux petit phénomène. Il ne durera pas trois jours, disait-on entre deux éclats de rire.

Mais le lendemain, les gens bien informés hochaient la tête et ne riaient plus ; le surlendemain, ils étaient soucieux et parlaient de majorité probable. Les groupes se remuaient, la maçonnerie agissait sous main. Les dreyfusards, les ennemis de l'armée, les adversaires implacables de la religion, comprenaient quel parti ils pouvaient tirer du monstre, dont la formation même annonçait une rare absence de scrupules.

Voici la séance fatidique du 26 juin ; — en la lisant, vient aux lèvres le mot prêté par Alfred de Vigny à Pie VII, dans sa dispute avec Napoléon : *Comediante! Tragediante!* Mais ici, il faut intervertir ; cela commence en tragédie et se dénoue en comédie... autant toutefois qu'on peut appeler comédie la lugubre séance, qui devait avoir pour l'armée et pour la France de si lamentables conséquences.

Donc on entendit un fort discours de M. Ernest Roche et un plus fort encore de M. Mirman.

Celui-ci demande « de l'air pur, de l'air frais, qui dissipe les miasmes et qui rende à la France sa vigueur physique et sa force morale ». Il veut savoir « par quelle raison particulière, grâce à quelles influences mystérieuses et louches, on a, dans les conditions difficiles que traverse la France, confié une des parties de la défense nationale à l'homme (M. de Lanessan) que, il y a quatre ans, vous avez déclaré indigne de continuer, ne fût-ce qu'un instant, à gouverner une de nos colonies. » — Il termine enfin en déclarant qu'il y a deux sortes d'hommes que la famille républicaine rejette, qui ne sont pas, qui ne peuvent pas être d'elle : ce sont les fripons et les meurtriers. Ce sont les panamistes et les bourreaux, ce sont les hommes de boue et, comme le général marquis de Galiffet, les hommes de sang.

La tragédie était finie. A la comédie maintenant. — Voici M. Viviani, qui vient excuser M. Millerand de s'être commis avec de pareils collègues. Mais il le fallait pour la défense républicaine contre la « réaction cléricale » et « l'insolence de l'oligarchie militaire ».

Puis le président du Conseil vient promettre de « réunir tous les républicains pour faire face à tous les réactionnaires. » Les déclarations des chefs de groupe se succèdent. — Les uns avaleront Galiffet, pour garder le ministère de défense républicaine, abaisser l'armée, persécuter les « cléricaux ». Ce pur plaisir vaut bien d'avaler un sabre !

Les autres n'en peuvent prendre leur parti et s'abstiendront, tout désireux au fond de l'âme que le ministère triomphe.

Enfin M. Henri Brisson vient éperdûment supplier ceux « sur qui il peut avoir, par sa carrière passée, quelque influence, à voter, je ne dis pas pour le Gouvernement, mais pour la République ». Sur ce, le signe de détresse, et l'on vote.

Les socialistes, si ardents tout à l'heure à invectiver Galiffet « l'homme de sang », n'osent pas voter pour un ministère qu'au fond ils soutiennent. Ils s'abstiennent donc, même, oui, même M. Mirman! Après un pareil discours et de si terribles hauts-le-cœur, si éloquemment exprimés, s'abstenir, c'est légèrement comique.

Grâce à ces abstentions, le ministère fut vainqueur, mais de bien peu : de 25 voix.

Quelques jours après, le 4 juillet, la session était close. Le gouvernement allait travailler à son aise.

Telle est donc l'origine du ministère que nous subissons : une étrange combinaison, cimentée par le désir de faire acquitter Dreyfus, d'étouffer les justes protestations de l'armée, insultée à plaisir depuis de longs mois. Il importait de rappeler ces origines. Elles donnent la solution de bien des énigmes subséquentes.

LE MINISTÈRE ET L'AFFAIRE

M. Waldeck-Rousseau était, on le sait, un dreyfusiste de la première heure. Lors du procès de 1894, de concert avec M. Reinach, il s'était entremis auprès du Président de la République, Casimir-Périer, pour obtenir la suppression du huis clos. — Etrange prétention que de vouloir faire fléchir une règle invariablement suivie, en France comme à l'étranger, pour tous les procès d'espionnage ! — M. de Galiffet était connu, lui aussi, pour son dreyfusisme, ainsi que M. Monis. Cependant l'opinion publique et la ferme indépendance des juges militaires ne permettaient pas une pression trop brutale.

On essaya donc de limiter les débats, en invitant le commissaire du gouvernement à ne pas revenir sur la question des aveux recueillis par le capitaine Lebrun-Renaud. On tarda quinze jours avant de remettre au Conseil un dossier secret, signalé comme important par le commandant Cuignet. On voulut aussi, à la veille du réquisitoire, enserrer le commandant Carrière dans les limites rigoureusement tracées, prétendait-on, par la Cour de cassation. Il y eut aussi certaine visite du général Brugère, nommé gouverneur de Paris, au colonel Jouaust, président du Conseil de guerre, visite qui fut vivement commentée.

Au reste, que la politique ait joué son rôle, nous en avons le témoignage d'un excellent témoin, Me Labori : « A Rennes, écrit-il, la politique a fait son œuvre. Par suite de négociations auxquelles je ne me suis jamais associé, la défense, non pas seulement à la dernière heure, mais à chaque instant du débat, la défense a été paralysée. » Or, on pense bien que la défense ne s'est pas laissée paralyser sans de bonnes raisons et sans promesses avantageuses. « Depuis ce jour, ajoute M. Labori, *il appartient aux hommes d'État d'achever l'œuvre dont ils ont désormais, qu'ils le sachent bien, assumé toute la responsabilité* (1) .»

Ainsi nous voilà avertis, l'œuvre n'est pas achevée, et les

(1) *Aurore*, 21 mai 1900.

« hommes d'État » ont encore à la parfaire. Ils s'en sont pourtant déjà bien acquittés ! — A peine le verdict rendu, précipitamment, comme pour infirmer la sentence, la grâce de Dreyfus était accordée et, n'ayant pu le sauver entièrement, on s'apprêtait à le venger ferme, sans toutefois cesser de travailler sous terre à reprendre l'affaire.

C'est là une des plus tristes pages de ce ministère : avoir travaillé à faire revivre ce chancre hideux qui a rongé les forces vitales de notre armée, brisé les liens de la concorde et de la confiance entre les Français.

C'est le 21 mai 1900 que l'*Éclair* découvrait le pot aux roses. et, dès le lendemain, M. Alphonse Humbert l'exposa à la Chambre étonnée. Le commissaire Tomps, chargé de succéder aux officiers dans le service des renseignements, s'efforçait de créer un fait nouveau permettant de reviser le second procès Dreyfus. Ce fait nouveau consistait à chercher à prouver que certain témoignage de M. Cernusky, très gênant pour les dreyfusards, aurait été dicté par l'État-Major.

Bien entendu, le président du Conseil nia tout, et, comme M. Humbert annonçait que les lettres de M. Tomps, relatives à cette affaire, existaient au Ministère de la Guerre : « Non ! non ! » s'écria M. de Galiffet. Par malheur pour lui, les lettres existaient si bien, que le lendemain leur photographie était aux mains de M. Le Hérissé.

Comment se tirer de ce mauvais pas ? Le Gouvernement imagina de se faire interpeller au Sénat. En avouant, cette fois, l'existence des lettres, M. Waldeck-Rousseau tenta de les expliquer par une histoire à dormir debout : M. Tomps aurait entrepris ces démarches de sa propre autorité, pour se laver d'accusations portées, disait-on, contre lui. Cet habile homme, pour confondre ses détracteurs — officiers d'État-Major, cela va sans dire, — aurait voulu avoir des preuves de leur propre infamie, etc., etc. Hélas ! le texte d'un billet de Tomps, écrit le 8 avril, indiquait clairement qu'il n'agissait pas pour son propre compte. Il y avait aussi un voyage extralouche à Madrid, pour s'aboucher avec un célèbre espion au service de l'Allemagne. M. Humbert prouva très bien, dans une nouvelle interpellation à la Chambre, que ce qu'on était allé chercher à Madrid, c'était le moyen de reprendre l'affaire.

On apprit aussi, dans cette séance, de la bouche de M. Le Hérissé, qu'il avait existé au Ministère de la Guerre un dossier considérable contre les gens qui machinaient la reprise du procès Dreyfus. Un jour, le capitaine Fritsch avait vu un de ses chefs prendre ce dossier et le jeter au feu.

Toutes ces révélations avaient indigné la Chambre. Le vote allait venir : il était périlleux. C'est alors qu'avec une habileté consommée, M. Waldeck-Rousseau lança contre le capitaine Fritsch l'accusation de félonie. Tapage effroyable ; le Président se couvre, la séance est suspendue, et... le parti ministériel a le temps de se ressaisir. Après une exhortation émue de M. Bourgeois qui remplit, ce jour-là le rôle de Terre-Neuve aux lieu et place de M. Brisson, le ministère de défense républicaine est sauvé.

Que dis-je, sauvé! Il acquit, ce jour-là même, la perle qui lui manquait, pour le rendre digne de toutes les méfiances. M. de Galiffet, écœuré, donna sa démission, lui qui avait pourtant recueilli de la bouche d'un communard impénitent ce sanglant éloge : « En six mois, ce ministre aura plus fait *pour* l'armée — lisez : *contre* l'armée — que ses prédécesseurs en trente ans. » Voici venir pour le remplacer l'homme vraiment indiqué pour le portefeuille de la guerre, dans un pareil ministère, le « politicien à plume blanche » André.

A partir de ce moment, le dreyfusisme entre dans une phase nouvelle. On semble renoncer — pour un temps — à une seconde revision. Mais le général André va venger le condamné et peut-être préparer sa revanche par une savante désorganisation de l'armée que nous allons contempler tout à l'heure avec épouvante.

La morale de cet incident Tomps est celle qu'indiquait éloquemment M. Humbert. Après avoir déclaré que M. Reinach, en menaçant de rouvrir l'affaire, avait usé de son droit strict, quoique sans doute en ne faisant pas un acte de bon Français, il ajoutait : « Mais que le Gouvernement se soit fait son complice, que le Gouvernement ait envoyé des agents auxquels on a donné le soin de veiller sur les secrets de la défense nationale — car vous avez commis cette imprudence de reprendre au ministère de la Guerre le service des renseignements et de le mettre entre les mains de M. Tomps ; vous voyez comme il en a usé — *que le Gouvernement ait commis ce crime de se faire complice de la besogne misérable qui consiste à faire, une fois de plus, le jeu de l'étranger... cela ne peut se pardonner* (1) *!* »

Ainsi, dreyfusiste par son origine, le gouvernement reste dreyfusiste par ses actions, par ses tendances ténébreuses, par ses basses vengeances. — Entre le syndicat créé pour la gloire du traître, et la France, le moment est venu, Électeurs, *IL FAUT CHOISIR !*

(1) *Journal officiel*, 23 mai 1900.

LE MINISTÈRE ET LA HAUTE COUR

Ce titre résume une des plus incroyables agressions contre la justice et le bon sens public, auxquelles ait assisté notre temps. C'est ineffable d'audace, de mensonge, de cynisme.

Le 12 août 1899, dès le début du procès de Rennes, et afin sans doute d'inspirer au Conseil de guerre une salutaire terreur, on apprit la découverte du GRAND COMPLOT.

C'était à faire dresser les cheveux : royalistes, nationalistes, antisémites — gens qui s'entendaient comme chien et chat, au su de tout le monde — avaient, paraît-il, fusionné « pour s'emparer, par un coup de force, du gouvernement ». 67 arrestations panachées, assorties ! Déroulède, Buffet, les bouchers de la Villette, Habert, de Ramel, Guérin, Cailly, Brunet, etc., étaient à l'ombre. — Et M. Waldeck-Rousseau déclarait, soucieux, à une députation radicale, que « les preuves du complot abondaient et étaient irréfutables ». « Lorsque l'on connaîtra, ajoutait-il, l'ensemble et la précision des charges relevées contre les inculpés, il n'y aura pas un républicain, de l'extrême-gauche au centre, pour blâmer le cabinet d'avoir déclaré les poursuites. »

Or savez-vous à quoi correspondait en réalité ce trémolo d'horreur calculée ? Sur 67 criminels, l'instruction en devait relâcher 45 ! — Sur les 22 restants, la Commission de la Haute Cour n'en devait retenir que 14. — Sur ces 14, la horde féroce ne put arriver à en condamner que 3 ! Et encore ! par quels moyens ! Ajoutons, si l'on veut, MM. Marcel Habert et de Lur-Saluces, condamnés plus tard, plus injustement encore que leurs compagnons. Nous arrivons donc à 5 sur 69 ; c'est une pitié !

Ce qui fut un scandale, ce fut une suite d'illégalités révoltantes qui se produisit alors.

1re Monstruosité : Les accusés restent des semaines en prison avant même d'être interrogés : M. Cailly attend 37 jours ; M. Brunet, 43 jours ; M. de Sabran-Pontevès, 92 jours !... Et on ose parler des Lettres de cachet !... L'un des inculpés, M. Barillier, je crois, se voit ruiné, par suite du tort que sa longue détention cause à son commerce.

2me **Monstruosité** : Il est un principe sacré du droit pénal français, c'est qu'il est interdit de poursuivre à nouveau, à raison d'un fait pour lequel le prévenu a déjà été acquitté : « Toute personne acquittée légalement ne pourra plus être reprise, ni accusée à raison du même fait. »

Or, pour Déroulède et Marcel Habert, il y avait eu acquittement. Traduits devant le jury, le 31 mai 1899, pour l'entreprise des obsèques de Félix Faure, ils avaient été déclarés innocents. Que ce fût à tort ou à raison, peu importe : ils étaient acquittés. — Or voilà que par, des subtilités odieuses de procédure, on les juge une seconde fois, à raison du même fait ! « Pour le peuple, qui ne connaît pas les finesses de la langue procédurière ou politique, s'écriait Me Falateuf, *pour tous d'ailleurs,* c'était le verdict du 31 mai qu'il fallait atteindre. C'était une décision, sans recours de par la loi, qu'il fallait arriver à briser. Est-ce que vous seriez ici, messieurs, si Déroulède avait été condamné le 31 mai ? A la conscience publique de qualifier et de juger, comme il convient, ce nouveau genre de représailles. »

Cette flagrante illégalité amenait le Sénat à commettre une :

3me **Monstruosité** : La Constitution et le Décret même de convocation de la Haute Cour ne permettent à celle-ci de juger que s'il y a eu *attentat*. Les textes sont formels et M. Wallon, le père de la Constitution, ne craignait pas, lui si modéré dans ses paroles, de dire : « Ma déclaration formelle, en tant qu'ancien membre de la commission qui prépara la loi de 1875 est que *nous avons voulu rejeter de la compétence de la Haute Cour le complot et autres crimes ou délits et ne retenir que le seul attentat. Si nous jugions autrement, CE SERAIT UNE FORFAITURE.* »

La forfaiture fut commise. La Haute Cour admit qu'il n'y avait pas attentat, mais seulement complot, et pourtant, se déclara compétente ! La violation de la plus vulgaire justice était évidente.

Ne parlons que pour mémoire des illégalités de l'instruction où l'on refusa d'entendre des témoins à décharge. Venons à une

4me **Monstruosité** : *Les juges n'étaient pas obligés d'assister* *aux débats!* — On croit rêver, en entendant pareille chose. Eh! bien, oui, la Cour décida que pourvu que le juge fût là, au début de l'audience, il pouvait ensuite s'absenter. Mais alors, il n'entendra pas les témoignages, ni les explications, ni la défense! — A certains jours, les journaux constatèrent qu'un tiers au moins des juges étaient absents.

5me Monstruosité: *La tenue des Sénateurs-Juges.* — Oui, on voyait ces Minos apostropher les accusés, leur montrer le poing, menacer de les frapper. Quant à leur impartialité, il suffira de dire qu'ils ne se souciaient aucunement du droit. Ils voulaient condamner, parce qu'ils avaient devant eux des ennemis politiques. L'un d'eux écrivait à un journal: « L'acquittement était pour vous la chute du cabinet, peut-être la démission du Président de la République. J'ai cru devoir refuser cette satisfaction à vos amis. » Quant à savoir si les prévenus sont ou non coupables, c'est le dernier de ses soucis.

Au reste, le Procureur Général n'alla-t-il pas jusqu'à dire que ce qu'il demandait au Sénat, c'était moins des mesures répressives, que des mesures préventives! Donc il l'avouait lui-même, ce n'était pas des coupables qu'on cherchait à punir, mais des adversaires politiques qu'on voulait intimider.

Est-ce là de la justice?

6me Monstruosité : *Les preuves admises aux débats.* — Ce furent uniquement des rapports de police, émanant, d'après M. Puybaraud lui-même de gens « qui lui inspiraient le plus profond dégoût »; gens dont il fut impossible d'avoir les noms, ni, bien entendu, de voir la figure; gens qui se contredisaient parfois sur des points essentiels. On comprend l'observation indignée de M. de Lamarzelle: « Vos renseignements sont des renseignements de seconde main; ces renseignements de seconde main émanent de gens méprisables: quelle raison pouvons-nous avoir de les prendre au sérieux? »

C'est cependant sur ces seuls renseignements que la Haute Cour condamna cinq Français, estimés de tous, jugés innocents par le Jury ou par l'opinion publique, à la peine de dix ou cinq ans de bannissement!

Pendant ce temps, Dreyfus, libre comme l'air, se promène sur les boulevards et va s'asseoir paisiblement au Café de la Paix.

Veut-on quelques appréciations sur cette œuvre de honte?

Voici le « *Journal des Débats* » du 6 janvier 1900 : « L'arrêt est précédé de considérants ; mais en réalité, il n'est pas motivé... La Haute Cour eût été embarrassée sans doute, s'il lui eût fallu être plus explicite et démontrer ce qu'il est infiniment plus commode d'affirmer. Il lui eût répugné peut-être de reproduire dans son arrêt l'argumentation du procureur général Bernard, et de donner pour base aux condamnations qu'elle a prononcées les rapports de police qui faisaient le fond et comme l'unique source de l'accusation... Il serait difficile de prétendre que le procès de la Haute Cour a donné à la France et au monde un exemple de sereine et impartiale justice... La défense républicaine, la République sauvée, ce sont de risibles vanteries auxquelles on ne croyait guère et auxquelles on ne croit plus du tout maintenant. »

La *Gazette des Tribunaux* est encore plus cinglante : « Sur dix-neuf accusés, dit-elle (4 janvier 1900), les poursuites sont reconnues mal fondées, sauf contre trois... Et c'est pour en arriver là que tant d'actes contraires au droit et à la justice ont été commis !... La preuve certaine et juridique d'un complot n'a pas été faite et ne pouvait l'être à l'aide de rapports de police dont l'origine suspecte est restée anonyme et secrète ; ensuite parce que des condamnations prononcées par des juges manifestement incompétents n'ont jamais, à aucune époque, été ratifiées par l'opinion. »

En voilà assez sur cette effrontée parodie de Justice. Retenons seulement que, grâce à ce ministère, soixante-quatre innocents ont été arrêtés et longtemps détenus, sans raison ; que pour condamner les cinq victimes, on a accumulé les plus audacieuses illégalités ; on a jugé sans compétence, pour faits déjà acquittés par le jury, et sans assister à tous les débats ; on a jugé, non pas en juges, mais en ennemis décidés d'avance à frapper ; enfin on a condamné sur des racontars de policiers aussi anonymes que méprisables !

Quand pareille besogne a été faite par un gouvernement, on peut, on *doit* dire au pays :

Il faut choisir entre ceux qui faussent de la sorte la justice, au profit de leurs intérêts et de leurs haines, et ceux qui nous rendront une justice calme, impartiale, égale pour tous. *Il faut choisir.*

LE MINISTÈRE ET L'ARMÉE

Voici un chapitre que l'on devrait lire à haute voix devant les drapeaux voilés de noir, au bruit lugubre des tambours assourdis de crêpe. C'est, en effet, le récit d'un attentat sans précédents dans notre histoire, l'attentat contre l'armée de la patrie, contre la France même.

Le ministère prit le pouvoir au moment d'une tempête inouie déchaînée contre cette armée. — A l'occasion de l'affaire Dreyfus, une bande de malfaiteurs, qui se disaient *intellectuels*, avaient commencé depuis environ un an une campagne antimilitariste intense. On traitait les officiers d'imbéciles ou de canailles ; on excitait les soldats à l'indiscipline. — Insuffisamment défendus par le gouvernement, quelques officiers isolés avaient parfois rompu le silence, sous le coup de quelque injure plus sanglante, de quelque abandon plus révoltant. Révoltes bien bénignes et bien naturelles à coup sûr !

Or, voici que le nouveau ministère entre en lice, non pour défendre l'armée, mais pour sévir avec la dernière rigueur contre toute tentative qu'elle pourrait faire de se défendre, si peu que ce soit. M. de Galiffet annonce bruyamment qu'il va *faire taire* ces officiers qui parlent trop et rétablir une discipline de silence absolu. Silence, entendons-nous : pour l'armée seule, mais non pour ses insulteurs qui resteront libres de la traîner dans la boue. Une fois cependant, M. de Galiffet tentera de poursuivre le chef de meute, Urbain Gohier. Celui-ci n'aura qu'à montrer les dents, à exhiber dans l'*Aurore* quelques papiers sur la vie privée de l'audacieux ministre. Il n'en faudra pas davantage. Le matamore qui sabre sans merci les chefs de corps, les inspecteurs d'armée, etc., se retirera aussitôt prudemment. Le jour même, l'affaire de l'*Aurore* sera remise « à une session ultérieure ». Voilà comment on défend l'armée.

Au reste, dès le début, les socialistes ne s'y trompaient pas ; et si M. Viviani promettait son concours au ministère, c'était parce qu'il le savait hostile à l'« oligarchie militaire », parce qu'à peine né, il avait agi contre des « soldats factieux ». M. Viviani disait vrai. Immédiatement le jeu de massacre commence.

Le 7 juillet 1899, le général Zurlinden, gouverneur de Paris, est privé de son poste. Pourquoi ? C'était le droit du gouvernement, répond Galiffet. De raison, point.

Le 25 juillet, le général de Pellieux, particulièrement détesté des dreyfusards, quitte la division de Paris et est expédié en disgrâce à Quimper.

« On sait assez que le destin
Adresse là les gens quand il veut qu'on enrage. »

Le pauvre général y devait mourir abreuvé de tristesse.

Puis c'est le tour des généraux Hervé, Giovanninelli, Langlois d'être mis à l'écart.

Le général de Négrier, lui, est révoqué avec plus de tapage, pour avoir dit dans un ordre du jour, que « si les attaques contre l'armée continuaient, le haut commandement provoquerait les mesures nécessaires pour arrêter ces attaques ». Le ministre de la guerre, interpellé le 15 novembre à ce sujet, avait arrêté là la citation. Il s'était gardé d'ajouter la phrase finale du général de Négrier : « Jusque-là les officiers doivent s'abstenir, ne pas parler et surtout ne pas écrire. » Et par cette suppression, il enlevait à l'ordre du jour son caractère d'invitation au calme, pour le tranformer en cri de révolte.

Je passe sous silence d'autres punitions ou déplacements, comme ceux du général Hartschmidt, du colonel de Saxé, des capitaines des Michels, Guyot de Villeneuve et autres.

Aussi bien, Galiffet avait porté un coup bien autrement dangereux à l'armée, en mettant l'avancement des officiers à la merci du ministre, c'est-à-dire, pratiquement, de la politique.

Jusque là le Conseil supérieur de Guerre proposait les généraux, et cette indication était regardée comme un véritable droit à obtenir le grade.

Désormais (décret du 29 septembre 1899), le ministre, au vu des notes données par les chefs locaux, « décide *seul* des nominations à soumettre en Conseil des ministres à la signature du Président de la République ».

Les considérants du décret sont instructifs. Il y est dit

qu'avec l'ancien système, « aux yeux des officiers qui ont avec raison l'espoir d'arriver aux plus hautes situations de l'armée, *le gouvernement et le ministre de la guerre ne sont rien* ; les commissions supérieures de classement sont tout ». Cela doit changer, et désormais l'avancement sera soumis au seul caprice du gouvernement. Au lieu de cette race de généraux occupés seulement de leur métier, indépendants, silencieux, faisant leur besogne sacrée sous les yeux d'un Aréopage de leurs pairs, soldats comme eux, on risquera d'avoir ceux qui s'efforceront de *plaire* à M. le Ministre, au Gouvernement, au Parlement même ! Car c'est à cet excès de favoritisme et d'intrigue que mène, en dernière analyse, un tel procédé. Le général André n'a pas craint de le proclamer brutalement à la tribune, le 18 janvier 1902.

« A la Commission de classement irresponsable, le général de Galiffet et moi, nous avons substitué le ministre responsable. *(Très bien, très bien, à l'extrême-gauche et à gauche.)*

« Qu'est-ce à dire ? Cela signifie que l'avancement des officiers est aujourd'hui aux mains du Parlement. »

Cet extraordinaire et scandaleux moyen d'avancement n'est d'ailleurs pas restreint aux seuls généraux. Des décrets subséquents l'ont étendu aux autres grades.

Et voici les résultats signalés à la Chambre, le 18 janvier 1902, par M. Cunéo d'Ornano au général André :

« Par vos décrets illégaux, vous arrivez à ce résultat que le 1er novembre 1901, le nombre des officiers illégalement promus s'élève à 183. Bien mieux, un certain nombre de ces nominations concernent des officiers dont l'inscription au tableau d'avancement n'a paru au *Journal officiel* que vingt-quatre heures après la publication de la nomination. Savez-vous combien d'officiers figuraient déjà au tableau d'avancement avant les généraux de Galiffet et André et ne sont pas encore promus à la date du 31 décembre 1901 ? Il y en a 131.

« D'autres ont été promus avec un retard considérable sur le délai normal. Ils sont au nombre de 176. Vous voyez le désordre que vos décrets ont introduit dans l'avancement. »

Tel est l'aboutissement des actes de M. de Galiffet, poussés à l'extrême de la logique politicienne par le politicien André : c'est le favoritisme introduit dans l'armée, et, par conséquent, la tentation pour les officiers, de *plaire* au parti dominant plutôt que de servir la France.

Le *Temps* s'ébahit, en ces termes, de la déclaration de M. André : « Voit-on le droit d'interpellation s'exerçant quotidiennement sur de pareils sujets ; les députés républicains protestant contre l'avancement d'un officier dénoncé comme réactionnaire militant, et les députés de la droite s'indignant des faveurs accordées à un officier qui se sera livré à des manifestations socialistes ! »

Mais nous avons anticipé pour contempler les résultats des décrets Galiffet. Revenons à l'histoire de celui-ci.

On a vu ses premiers actes : ils lui avaient mérité le pardon, l'admiration même des radicaux et des socialistes. M. Bourgeois saluait en lui le type du « vrai soldat (1) », et un ancien communard déclarait qu' « en six mois ce ministre aurait plus fait *pour* l'armée que ses prédécesseurs en trente ans (2). »

Cependant, le vieux soldat avait chez ce ministre de fâcheux retours. A la séance du 16 février 1900, cet esprit militaire s'était réveillé, sous les insultes de M. Pelletan à l'adresse de l'armée. Le temps n'était pas loin où, se ressaisissant lui-même, il rejetterait avec horreur la besogne dont il s'était fait le complice.

C'est le 29 mai 1900 qu'eut lieu, à la Chambre, la deuxième interpellation sur la reprise de l'affaire Dreyfus, tentée sous main par le gouvernement. De la bouche indignée de M. Alphonse Humbert, on apprit des choses navrantes : le service de renseignements de l'état-major n'existait plus ; ce service était aux mains de la Sûreté générale, qui y employait MM. Cavard et Tomps, si étrangement compromis par leurs efforts pour rouvrir l'affaire. On apprenait avec stupeur qu'un des agents, celui qui était chargé des *affaires de la frontière,* était le cousin de M. Matthieu Dreyfus, le neveu d'un officier « objet de violents soupçons d'espionnage », ce qui rendait assurément étrange la présence de cet agent dans un pareil service. Enfin, M. Humbert montrait, par l'analyse des actes de Tomps, que le gouvernement « s'était associé à l'œuvre abominable de ceux qui intriguent, qui achètent des témoignages en vue de rouvrir l'affaire

(1) *Figaro,* 21 déc. 1899.

(2) *Journal officiel,* 21 déc. 1899, p. 2260.

Dreyfus ». C'est alors qu'avec une merveilleuse habileté, le Président du Conseil ayant lancé le nom de félonie, le général de Galiffet se retira en pleine séance.

Malgré le prétexte de santé qu'il mit en avant pour expliquer sa démission, il paraît certain qu'il en avait assez d'*être roulé* (selon l'expression de M. Lasies) par le Président du Conseil : assez surtout de se voir associé à l'œuvre de désorganisation militaire qui ne pouvait lui échapper.

Deux jours après, était nommé ministre de la Guerre le néfaste André, l'audacieux sectaire qui allait mener l'œuvre de mort avec un bien autre entrain que son prédécesseur.

A peine arrivé, il change brusquement, sans consulter le chef d'état-major, trois chefs de service, et les remplace par d'autres qui, d'après l'*Éclair* du 14 juin, avaient de fortes attaches avec le parti dreyfusard. Vrai ou faux, le bruit en court. — Bientôt on apprend que le chef d'état-major de l'armée, le général Delanne, ne peut supporter de pareils procédés qui le privent, sans son agrément, de collaborateurs nécessaires à son œuvre. Il offre sa démission, mais le ministre lui impose de rester encore quelques jours à son poste, ce qu'il fait d'ailleurs sans installer dans leurs fonctions les nouveaux titulaires à lui imposés.

Le 28 juin, séance orageuse à la Chambre. Un vieux républicain, bien souvent élu président de la Commission de l'armée, M. Mézières, déclare, avec son incontestable compétence, que la mesure du ministre est illégale, comme violant un décret encore en vigueur. La Chambre n'a cure de la légalité, elle couvre de ses bravos cet excellent ministre de la Guerre qui « chambarde » si vite l'armée qu'il devrait défendre.

Toutefois, ce chambardement n'ira pas sans une fière et noble protestation. Le généralissime, général Jamont, par une lettre écrite le 2 juillet 1900, donne sa démission. Il estime que « l'instabilité du chef d'état-major général de l'armée est incompatible avec la formation et la conduite des armées en campagne ». En conséquence, il juge que privé de ce collaborateur stable, il ne peut assumer la responsabilité de la direction suprême.

En somme, cela signifie : vos fantaisies désorganisent à ce point le haut commandement, qu'il est impossible désormais de l'exercer avec chances de succès. — C'est d'ailleurs de la sorte que M. Krantz, ancien ministre de la Guerre, jugeait la situation, à la séance du 4 juillet, et il concluait :

« *Quant à moi et à mes amis, nous ne voulons pas, dans cette désorganisation voulue et systématique de la défense nationale,* prendre la moindre part de responsabilité. »

Et le lendemain, au Sénat, un autre républicain, M. Franck-Chauveau s'écriait :

« Quand finiront ces hécatombes ?

« Où vous arrêterez-vous ?

« Quand finira ce système qui consiste à désorganiser l'armée ? A peine au ministère, vous avez frappé les meilleurs, les plus glorieux de nos officiers, Hervé, Giovanninelli, Négrier. A présent, c'est le généralissime. Encore une fois, où vous arrêterez-vous ? »

Où ils s'arrêteront ? Il est impossible de le prévoir. M. André est en appétit, et dès lors commence une campagne persévérante pour introduire dans l'armée, du haut en bas, l'esprit politicien, l'esprit sectaire, les habitudes de dénonciation. Désormais une inquisition savante va scruter les préférences politiques et religieuses des officiers. Malheur à ceux qui seront soupçonnés de tiédeur envers le ministère, ou de pratique religieuse ! Au contraire, les purs, les maçons surtout, connaîtront tous les sourires de M. André... et de la fortune.

On avait eu cependant un instant d'espoir. Le général de Négrier était réintégré dans l'activité, sur la demande, dit-on, du nouveau généralissime Brugère. Court espoir, hélas ! Presque aussitôt, on apprend la disgrâce du général Deloye, directeur de l'artillerie, de qui Galiffet disait, le 2 février précédent :

« Vous aviez tout à l'heure devant vous l'homme auquel vous ne saurez jamais trop manifester votre reconnaissance. C'est le général Deloye. C'est à lui que nous devons la réfection de notre matériel d'artillerie. »

Et c'est cet homme qu'on met de côté, à cause de rancunes issues de l'affaire Dreyfus !!!

Dreyfus d'abord ! France ensuite !... s'il en reste.

Voici *chambardement* plus grandiose : le 26 septembre 1900, on apprenait tout à coup que le ministre de la guerre avait fait signer un décret modifiant de fond en comble le recrutement du personnel de l'Ecole de Saint-Cyr. Jusque-là, professeurs et instructeurs étaient nommés par le ministre, mais choisis exclusivement dans une liste dressée par les inspecteurs généraux d'armée et par les Comités de l'artillerie et du génie. Ce système, à la fois large et juste, excluait l'arbitraire. M. André n'en veut plus. Il veut choisir à sa tête, dans toute l'armée, l'état-major de Saint-Cyr et il s'efforcera évidemment de faire un bon choix, sectaires et dreyfusards autant que possible ; (je ne sais s'il y réussira toujours ; mais l'intention est là). Aussitôt le décret signé, commence la danse : 21 officiers sont renvoyés dans leurs régiments et remplacés par d'autres, et on assure que la plupart des sacrifiés, sinon tous, sont des anciens élèves des établissements libres d'instruction. Presque en même temps d'ailleurs, on apprenait que le ministre avait le dessein, contraire à la loi, de supprimer les bourses à l'Ecole militaire pour les candidats reçus, sortant des mêmes établissements libres. Il n'osa cependant pas maintenir sa décision illégale, mais il n'a pas renoncé à persécuter les jeunes gens *pauvres* (ceux-là seulement), coupables d'avoir reçu une éducation chrétienne. A la séance du 18 janvier 1902, il aura le front d'interrompre un orateur en lui criant : « J'ai déposé un projet de loi tendant à exclure des bourses les anciens élèves des établissements congréganistes. » C'est tout bonnement ignoble !

Mais revenons au *chambardement* de Saint-Cyr. Pour le compléter et en souligner la signification, on menaçait en même temps d'expulser les Sœurs de l'infirmerie de l'Ecole. — M. André fonçait décidément sur le « cléricalisme », c'est-à-dire pourfendait quiconque n'avait pas l'esprit de penser comme lui, André, sectaire et dreyfusard.

La presse jugea sévèrement cette entreprise. Le *Temps* lui-même gémit : « Où irions-nous, où irait Saint-Cyr si chaque nouveau ministre de la guerre changeait en un seul jour vingt-trois officiers de l'Ecole ? »

Jules Lemaître est plus sévère :

« Ainsi la politique, et avec elle la discorde civile sont introduites dans l'armée par son propre chef. Nous aurons bientôt un corps d'officiers partagé en deux camps, celui des favoris et celui des suspects. Doucement, par de silencieux décrets, ce faux soldat à tête d'hyène, prépare, pour obéir à sa mystérieuse église (la franc-maçonnerie), la désorganisation de l'armée et l'anéantissement de la défense nationale. »

Plus sévère encore, plus injurieuse est l'approbation enthousiaste de l'ennemi épileptique de l'armée, Urbain Gohier, dans l'*Aurore*. « Il saisit avec empressement l'occasion qui se présente de féliciter le ministre de la guerre. Il en est trop heureux... Le général André a pris une bonne mesure. » Il faut la compléter en excluant de l'Ecole les « nourrissons de la Congrégation ». C'est d'ailleurs leur intérêt, car « nous ne voulons pas d'eux pour chefs. Au jour d'une mobilisation, nous aurions quelques millions de bons fusils dans les mains pour le répéter. Autant faire l'épuration tout de suite. »

Allons! c'est complet, c'est un assassin, ennemi fou furieux de l'armée, qui crie à M. André : Bravo!

On n'est pas plus cruel!

L'armée s'était vue sacrifiée à la rage anticléricale : elle allait l'être aux colères socialistes.

Le 2 juin, lors d'une grève à Chalon, les gendarmes entourés, frappés, blessés par les grévistes, avaient fini par faire feu. Leur patience avait été grande, car, de l'aveu de M. Waldeck-Rousseau, 22 d'entre eux avaient été blessés, dont l'un avait la figure et les os du nez complètement brisés. Mais il parut aux socialistes que ces affreux défenseurs du capital devaient être punis de s'être défendus. Le congrès socialiste *international* examinait justement, peu après, si la conduite de M. Millerand faisant partie d'un ministère bourgeois, était correcte. Or ses adversaires jouaient terriblement du « massacre de Chalon ». Que fit le gouvernement toujours brave? Le matin même du jour où la question était portée devant le Congrès, il fit paraître une note annonçant la mise en jugement de trois des gendarmes. Et le cerbère socialiste, apaisé par cette triple proie, consentit à faire grâce, ou à peu près, au ministre inculpé.

Il y avait de quoi, jugez donc : trois gendarmes en jugement!

« C'est la première fois, s'écriait M. Viviani dans la *Petite République*, que des *meurtriers en uniforme* sont appelés en justice pour rendre compte de leurs actes. »

Le procès, il est vrai, ne tourna qu'à l'honneur des inculpés. Le conseil de guerre n'était pas d'humeur à se laisser égarer par des témoins qui se contredisaient, qui avaient signé, sans les lire, des pétitions contre les gendarmes, qui avaient signé pour d'autres, etc.

N'importe, le précédent était posé; il pourrait fructifier : quand le socialiste tape sur le gendarme, si celui-ci riposte, il sera poursuivi !

Puisque nous en sommes aux gendarmes, rappelons que peu après, M. André, serviteur dévot des Loges maçonniques, leur interdisait de faire élever leurs enfants à l'école libre, à partir de l'âge de 8 ans, et ce, sous peine de perdre les indemnités allouées pour les frais d'éducation. Souple devant le socialisme, M. le ministre est de bronze devant la conscience des malheureux subalternes.

Deux affaires célèbres vont nous faire assister à de nouvelles chevauchées, l'une sémito-dreyfusarde, l'autre purement et grotesquement sectaire.

C'est d'abord l'incident de Fontainebleau. Un capitaine juif et, par ailleurs antipathique à ses camarades, est envoyé d'office à Fontainebleau, comme instructeur. Le chef d'escadron chargé du service, prévoyant ce qui va arriver, présente respectueusement des observations au ministère. Aussitôt ce chef d'escadron est envoyé à Verdun. L'accueil fait au nouveau venu ayant été quelque peu froid, six capitaines des plus anciens sont immédiatement renvoyés dans les régiments.

Alors commence une série de vexations contre les officiers, pour les contraindre à accueillir amicalement celui avec qui ils ne veulent pas avoir de rapports, non par antisémitisme, mais par antipathie. Ordre de dîner avec lui au mess ; défense d'aller à une chasse à laquelle il n'était pas invité ; punition infligée à un autre capitaine qui s'était battu avec lui, etc... Bref, le désordre, le gâchis absolu. Le général Perboyre, commandant l'Ecole, ne pouvait admettre de pareils procédés. Il se retira en écrivant une lettre d'adieu à ses subordonnés, où il disait notamment :

« Durant ces quinze dernières années, j'ai eu la bonne fortune de servir dans des postes en vue, *sous des chefs dont s'honore l'armée*, et connus de tous pour leur exigence dans le service : j'ai gagné leur estime et je garde leur amitié. »

Sous des chefs dont s'honore l'armée!! M. André a-t-il compris ?

Non, car le voilà qui s'embarque aussitôt dans la ridicule et odieuse affaire des Dragons de Melun. Dans ce régiment se trouvait un officier qui s'était uni à une femme divorcée. Les femmes des autres officiers s'abstiennent de la visiter, ne la considérant pas comme épouse légitime. Aussitôt, le ministre est averti et il traite cette affaire avec une délicatesse exquise. Enquête sur enquête, déplacement sur déplacement, rien n'est épargné pour que ces dames, (que l'on avait crues jusqu'ici exemptes de la discipline militaire), aient fait la visite prescrite par le galant ministre. Sur leur refus, on leur inflige le déménagement disciplinaire. Vingt officiers sont déplacés : colonel, lieutenant-colonel, deux chefs d'escadrons, quatre capitaines, quatre capitaines commandants, etc... Le général divisionnaire lui-même y perd sa division.

Le tout, de l'aveu du ministre lui-même, pour amener les officiers à reconnaître le divorce, c'est-à-dire ce qu'en conscience ils ne peuvent admettre, s'ils sont catholiques. « J'ai estimé qu'il n'appartenait pas à des militaires de se mettre en rébellion contre une des *dispositions fondamentales* de notre législation civile. » (*Journal officiel*, 7 déc. 1900.)

Le divorce, loi fondamentale ! On en rit encore !

Ce dont on ne peut rire, c'est d'une infamie commise par M. André à cette occasion. Il se permit de parler « du procédé lâche de la quarantaine que certains officiers nous apportent, je ne sais de quels établissements d'instruction. »

Or, cet ancien commandant de l'Ecole polytechnique pouvait-il ignorer que, durant plusieurs années, c'était précisément les élèves de l'enseignement libre qui y étaient mis en quarantaine par ceux des lycées de l'Etat ? S'il l'ignorait, il est singulièrement mal informé, lui passé maître dans l'art de provoquer les délations ; s'il le savait...

Quoi qu'il en soit, voilà, dans ces deux incidents inspirés par le dreyfusisme et la haine anti-religieuse, de quoi justifier l'appréciation de M. Francis Charmes, dans la *Revue des Deux Mondes*. Le chroniqueur académique et modéré ne craint pas de dire : « Depuis que le général André est à sa tête, l'armée est en plein désarroi, sans qu'on puisse dire si le fait est dû aux intentions du ministre ou simplement à sa maladresse. » Poursuivons pour voir :

Le 20 décembre, le commandant Cuignet est arrêté pour avoir

rectifié certaines assertions hasardées de M. Delcassé sur la dépêche Panizzardi. Acquitté par le Conseil d'enquête, il est néanmoins frappé de 60 jours d'arrêts de forteresse par le ministre.

Le 25 décembre, a lieu le pitoyable discours de Beaune ! Rien de pareil sans doute n'avait jamais été prononcé par un ministre. Après avoir déclaré avoir eu recours à « des combinaisons extraordinaires de chemin de fer » pour venir de Paris à Beaune (!!!), M. André protesta qu'il ne craignait rien, ni personne, dût-on trouver « spirituel de critiquer la coupe de sa redingote ». Puis il s'écria : « Messieurs les journalistes, écrivez : Le discours que je prononce n'a pas été préparé (cela se voit !)... Ecrivez, Messieurs. La tâche que je me suis imposée, je l'accomplirai envers et contre tous. J'irai jusqu'au bout. J'avalerai tout ce qu'il faudra avaler, les insultes et les injures. Je ne m'abaisserai jamais, lorsque je serai au ministère, à demander raison aux insulteurs qui aboient sur mes traces. *Je resterai et je ne sortirai du ministère que LES PIEDS DEVANT.*

C'est à cette phrase lapidaire que le ministre doit désormais le nom qui lui restera dans l'histoire : « André *les Pieds devant !* »

Quant à la « tâche qu'il s'est imposée », on peut en prendre idée par la liste des journaux auxquels, le 24 décembre, M. le ministre prescrivait de réserver les affiches militaires et les bénéfices correspondants. C'étaient :

Figaro ; Matin ; Petit Parisien ; Temps ; Petite République; Radical ; Rappel ; Lanterne ; Siècle ; Soir ; plus, les journaux officiels ou techniques.

Or, ces feuilles étaient dreyfusardes. Quatre ou cinq sont effrontément socialistes ou *antimilitaristes,* comme la *Petite République,* la *Lanterne,* etc. Voilà où vont les faveurs du ministre de la guerre et l'argent que nous lui donnons ! N'est-ce pas révoltant ?

Il faut nous hâter dans cette lugubre revue et signaler seulement quelques faits au passage :

Le colonel Bougon est envoyé au fin fond de l'Algérie, pour avoir refusé la main que lui tendait un inférieur contrairement à la discipline. Il est vrai que cet inférieur était aide de camp de M. André.

Le général Geslin de Bourgogne avait, le 15 mai précédent,

sous le ministère Galliffet, prononcé, dans une *réunion privée*, un toast en l'honneur de ses anciens maîtres (religieux, il est vrai, et là est le crime!). M. André avait-il à s'occuper d'un fait enterré depuis neuf mois et accompli sous un autre ministre? Il est difficile de l'admettre. Pourtant il frappe, et le général Geslin de Bourgogne est mis en disponibilité. Il y restera un an.

Il serait trop long de continuer la liste des vengeances ou des épurations. De temps en temps, on apprend que l'œuvre continue. C'est le colonel de la Laurencie, l'un des défenseurs de Belfort; c'est le colonel Ledoschowski; c'est le général de Forsanz; c'est le colonel de Berthier, etc...

Le 26 septembre, la foudre frappe plus haut. Il semblerait que le général Davoust, duc d'Auerstaedt, manquât de souplesse pour laisser le gouvernement triturer à son aise la Légion d'honneur dont il était grand chancelier. Tout à coup, sans motif donné, il est révoqué de cette haute fonction. Aussitôt, pour souligner l'inconvenance d'une telle mesure, quatre membres du Conseil de l'Ordre jettent leur démission à la tête des ministres: ce sont les généraux Lebelin de Dionne, La Veuve, Hartung et l'amiral Lefèvre.

Nous n'avons guère parlé jusqu'ici que de la guerre ouverte faite à l'armée par le ministre qui est à sa tête: il y a plus grave encore: c'est le travail de désorganisation souterraine qui s'accomplit. Il suffit de recueillir, comme un faisceau d'épines, les mille faits divers relatés par les journaux, ou les douloureuses confidences que nous recevons, tous, des officiers que nous connaissons. Une inquisition savante épie leurs moindres mouvements. « Vont-ils à la messe? Y emportent-ils un livre? Y vont-ils seuls ou pour accompagner leur femme? » Ces jours derniers, on nous a livré à la Chambre l'histoire instructive de ce capitaine mis en disponibilité pour avoir écrit, dans une lettre privée, que M. Mougeot n'était ni aimable, ni grand homme. M. de Lamarzelle citait un autre officier, privé de l'avancement qui lui était acquis, par la délation d'un domestique recueillant quelques propos échappés à table, chez un ami intime.

L'armée souffre généralement en silence. Parfois cependant la coupe déborde et des officiers donnent leur démission pour être libres, enfin, de défendre contre le ministre l'armée qu'ils chérissent et que, lui, perd.

En décembre 1901, le capitaine Guyot de Villeneuve agissait de la sorte et une fois démissionnaire, cinglait M. André d'une lettre dont voici quelques mots :

« A vous, ministre jacobin, il appartient de détruire l'admirable entente qui, au lendemain de nos désastres, s'était faite à tous les degrés de la hiérarchie, chez tous les officiers de quelque rang et de quelque opinion qu'ils fussent....

« Jamais ils n'ouvrirent l'oreille aux sollicitations des partis, et la colère du peuple justement soulevée contre les exactions et la tyrannie du pouvoir ne peut même les décider, le 28 février, (tentative Déroulède) à un acte de violence.

« Mais la peur vous tient toujours et vous déclarez maintenant qu'il n'y aura plus d'avancement et de faveurs que pour ceux dont le dévouement, non à la République, mais à votre gouvernement, se sera hautement affirmé. Vous voulez ainsi ravaler des soldats qui servent leur patrie, au rang de fonctionnaires qui servent une faction politique...

« Soyez certain, d'ailleurs, que chez beaucoup le découragement est déjà profond parce qu'ils sentent grandir autour d'eux le mouvement antimilitariste, parce qu'ils se voient en ce moment critique, abandonnés par les chefs mêmes qui devraient les défendre...

« C'est pour défendre l'armée contre vous, monsieur le ministre, que j'ai quitté ses rangs.

« Vous voulez de nos officiers faire des valets de la Défense républicaine, ils veulent et doivent rester les soldats de la France. »

Voilà, noblement exprimé, ce que tant d'autres pensent sans pouvoir le dire.

Un autre démissionnaire, le capitaine Andriveau, déclarait l'autre jour : « Si j'ai quitté l'armée que j'aimais tant, c'est que j'étais honoré de l'amitié d'un général que les politiciens ont tué ; je parle du général de Pellieux. »

Un autre encore, officier d'une grande valeur et d'un grand avenir, le lieutenant-colonel Rousset, donne sa démission, afin de combattre en faveur de l'armée. Il écrit, le 30 décembre 1901 : « Aujourd'hui le ministre, armé de tous les pouvoirs que l'élasticité de règlements trop lâches lui a permis d'usurper, distribue la manne de ses bienfaits à qui lui convient ou le flatte, sans nul souci des titres personnels ou des intérêts supérieurs de l'armée ou du pays.

« Contre ses décisions trop souvent fantaisistes, il n'existe aucun recours. C'est le règne absolu du bon plaisir d'où doivent naître fatalement la division, la suspicion, la méfiance et l'anarchie. »

Voilà en quel état M. André a mis le corps des officiers français, abandonné à ses lourdes mains.

Hélas ! il y a plus grave encore. Sous ce ministère, une atteinte profonde a été portée à l'esprit de discipline ; le socialisme a envahi les rangs ; les exhortations à la révolte se sont multipliées avec la complicité du gouvernement. N'est-ce pas logique alors que le Ministre de la Guerre fréquente chez les socialistes, alors qu'à chacun de ses déplacements (et ils sont nombreux !) ceux qui l'applaudissent mêlent les cris de : « Vive André ! » à ceux de : « A bas l'armée ! » ; alors que l'acclamation : « Vive l'armée ! » est officiellement reconnue séditieuse. — Un fait est certain, c'est que les excitations à l'indiscipline, les attaques contre les chefs, les essais de démoralisation de l'armée viennent, — et avec une abondance douloureuse, — des *partisans* du ministère et des journaux qui le soutiennent.

On n'a pas oublié les écœurants articles du *Pioupiou de l'Yonne,* distribué gratuitement aux conscrits et imprimé chez M. Gallot, député ministériel de l'Yonne. C'est dans l'un de ces articles qu'on lisait :

« Ramassez toutes les ordures de la caserne, faites-en un tas, afin que le colonel, plumet en tête, vienne y planter le drapeau du régiment. »

« Le galonnard, accapareur de gloire et de meurtres, s'unit au patron accapareur d'or et exploiteur.

On l'a mis (le conscrit) dans une caserne
Où devant des gens sans cœur,
Tout se prosterne ;
Où l'on enseigne la peur,
Où l'on broie les âmes fortes.

« Les inquisiteurs espagnols et les Peaux-Rouges ont fait de dignes émules dans l'armée française. »

« Perdant de vue qu'un soldat c'est la bête,
Né pour souffrir sans plainte, sans humeur,
Hier tu vis rouge et ta baïonnette
Creva le ventre d'un chef insulteur.

Les mains au dos, hautain, sublime,
Pauvre soldat, où t'en vas-tu ?
— Je vais au mur du crime
Où les vaillants sont abattus. »

L'un des auteurs qui signait *Sans patrie* était le professeur Hervé, du lycée de Sens. — Un certain nombre d'universitaires se déclarèrent bruyamment en sa faveur et les socialistes de la Chambre, ceux dont M. André est l'enfant chéri, ceux qui, aux grands jours de détresse sauvent le ministère de leur choix, n'eurent pas assez d'éloges pour le *martyr* Hervé. Voilà le fond du sac.

Oh ! je sais qu'après son scandaleux acquittement par le jury de l'Yonne, Hervé fut suspendu par le ministre ; je sais que l'on avait, sans enthousiasme d'ailleurs, intenté ces poursuites judiciaires ; je sais que, de temps en temps, l'un ou l'autre des ministres entonne un petit air patriotique et militariste. — Manœuvre de veilles d'élections et qui ne trompent personne, pas même les ennemis de l'armée ! N'est-ce pas l'un d'eux, Me Briand, avocat du *Pioupiou de l'Yonne*, qui osait dire devant la Cour d'assises : « Nous sommes poursuivis à la demande du ministre de la guerre. Je serais pourtant bien tranquille si le général André était à votre place (celle des jurés). Il nous acquitterait haut la main. » De quel ministre eut-on jamais songé à dire chose pareille ?

Au reste, cette manifestation n'est pas isolée. Un n° 2 du *Pioupiou* a continué les mêmes excitations. Parlant d'un colonel sur qui, paraît-il, ses soldats avaient tiré quatre balles en grandes manœuvres, il ne trouve à conclure qu'une chose, c'est que le colonel « devait être une des plus belles brutes de l'armée française ». Et insinuant que s'il est des soldats qui se suicident, il en est d'autres qui préfèrent se venger, il conclut : « Pour les hommes de cœur maltraités par des bourreaux, qu'est-ce qui vaut le mieux, le suicide ou la vengeance ? » Très clair, n'est-ce pas ?

Et plus loin : « Pauvre mère, elle ignorait que l'institution militaire ne peut produire que des assassins. »

Le n° 2 du *Pioupiou* est poursuivi comme le premier. On ne semble apporter à ces poursuites ni zèle ni passion (1).

(1) Le procès s'est terminé par un nouvel acquittement. On y a entendu cette déclaration instructive du Vénérable Ismaël Poulain : « Au nom de la Loge de

Un autre journal, le *Conscrit*, instruit de même les recrues :

« Déjà à Dunkerque, au Creusot, ailleurs encore, les soldats ont fait comprendre à leurs officiers qu'ils ne tireraient pas sur leurs frères grévistes.

« Déjà, malgré les clameurs indignées de la presse gouvernementale (1) ou nationaliste, partout en France, aux dernières manœuvres d'automne, les réservistes et les hommes de l'active ont répondu à l'arbitraire des chefs par les chants de l'*Internationale ouvrière*. » Suivent des excitations plus ou moins voilées à la désobéissance.

Ce que dit le *Conscrit* touchant les révoltes aux manœuvres de 1901 est-il exact ? Il est certain que plusieurs faits ont été signalés dans la région du centre, à Cherbourg, etc... On les a un peu étouffés, semble-t-il : c'était trop gênant pour le ministère et trop angoissant pour les honnêtes Français. Toutefois, il est incontestable que les attaques et les brimades contre les chefs ont porté leur fruit. L'indiscipline existe à l'état latent chez certains hommes, surtout chez certains réservistes.

Au moment des grèves de Montceau, alors que l'ordre semblait ne tenir qu'à l'obéissance des soldats, on se demandait avec inquiétude si celle-ci était assurée :

« Ici, disait la *République*, 19 octobre 1901, se dresse un inconnu terrible auquel nous n'osons pas songer.

« Est-ce qu'on se serait enfin rendu compte des progrès effrayants accomplis dans les casernes par la propagande socialiste ouvertement tolérée, on pourrait même dire protégée, par le ministre de la guerre ? Qui ne se rappelle la fameuse circulaire recommandant la lecture des journaux ministériels, parmi lesquels la *Petite République*, par exemple, qui insulte quotidiennement l'armée et prêche l'indiscipline et la révolte ? Depuis ce jour la propagande s'est ingéniée, multipliée, et elle a malheureusement trouvé un terrain si favorable que le progrès du socialisme dans les régiments a dépassé, paraît-il, les espérances

Sens, dont je suis le Vénérable, je viens déclarer ici que la Loge se solidarise avec les accusés, qu'elle a contribué par une souscription de tous les membres, non seulement à l'impression du *Pioupiou* n° 1, mais encore à celle du *Pioupiou* n° 2 et que la Loge a des fonds de réserve pour l'apparition du *Pioupiou* n° 3. »

(1) L'organe socialiste se trompe. La partie la plus importante de la presse gouvernementale applaudit plus ou moins énergiquement à ces répétitions d'indiscipline.

des plus grands ennemis de la patrie. Un seul fait que nous citait hier un officier, en disait aussi long qu'une statistique. Savez-vous quels sont les chants qui accompagnent les marches militaires aujourd'hui ? L'*Internationale* et la *Carmagnole*.

« Voilà où nous en sommes après deux années de Défense Républicaine. »

Restons en là, non que tout soit dit. Il serait lamentable, le défilé complet des attentats contre l'armée, mais il faut se borner.

Résumons seulement par ces mots de M. Cavaignac, ancien ministre de la Guerre, prononcés à Marseille, le 22 janvier 1902.

Il rappelle les révocations célèbres des généraux Jamont, de Négrier, etc., et il ajoute :

« Après la période des actes criants, a commencé une œuvre de désorganisation moins voyante mais plus généralisée. — C'est celle dont le ministre a donné lui-même la formule, il y a quelques jours, avec une inconscience qui n'a pas non plus beaucoup de précédent : l'avancement des officiers livré au Parlement. »

Eh bien ! en présence de ces tentatives de lèse-patrie, de lèse-armée, je le répète à l'Électeur :

Entre le candidat ministériel, qui, quoi qu'il dise, est un ennemi de l'armée, par le fait même qu'il soutient un ministère désorganisateur de cette armée ;

Et le candidat opposé, celui des patriotes, des honnêtes gens, des amis de l'armée et de la liberté :

Il faut choisir !

LE MINISTÈRE ET LE SOCIALISME

La stupeur fut profonde, universelle nous l'avons dit, dans la presse non socialiste et non révolutionnaire, quand on apprit l'avènement de M. Millerand au ministère.

Edmond About raconte que, dans la Grèce, en 1850, les policiers, pour s'éviter des affaires, nouaient de lucratives alliances avec les chefs de bandits. Dès lors ceux-ci pillaient en pleine confiance, les gendarmes jouissaient d'une paix profonde. Seuls, les voyageurs, détroussés et rançonnés, la trouvaient mauvaise. — M. Waldeck-Rousseau a agi tout comme les gendarmes du pays de Démosthène. Pour assurer l'union de tous les Français, pour rétablir la paix sociale,il a appelé à son aide les pires ennemis de l'ordre, ceux qui fomentent sans trève la guerre des classes et dont le but suprême est le « chambardement de la société actuelle ».

Le premier résultat de cette *faute capitale*, selon le mot de M. Méline (1), fut de donner un merveilleux entrain aux coreligionnaires de M. Millerand. Le parti ouvrier-révolutionnaire, les anarchistes, les socialistes de toute marque, comprirent qu'ils pouvaient s'en donner à cœur joie : avec un tel patron en haut lieu, la répression ne serait jamais féroce.

On le vit bien, le 19 novembre 1899, lors de l'inauguration du monument du sculpteur Dalou, « le Triomphe de la République, » sur la Place de la Nation. Cette journée fut le triomphe de l'anarchie et une honte pour le ministère.Les amis de M. Millerand s'étaient bien promis de déployer « le drapeau rouge en face du drapeau *ennemi* ». — Pour eux, le drapeau *ennemi*, c'est celui de la patrie, de la France ! L'autorité, avertie à temps, proscrivit, il est vrai, le sanglant drapeau de la Commune, mais, par une indigne faiblesse, elle permit les bannières, oriflammes, étendards rouges, à condition qu'ils fussent décorés de devises. La mascarade commence, organisée par les loges maçonniques, et menée

(1) Discours de M. Méline à Remiremont, 12 janvier 1902.

par elles. On hurle autour des membres du gouvernement : « Vive la sociale ! Vive l'anarchie ! Vive la Commune ! Vive la Révolution ! » Ce sont là, d'ailleurs, les charmantes devises qui s'étalent sur les bannières rouges des délégations socialistes. On chante, on vocifère la *Carmagnole*, le *Ça ira*, l'*Internationale*, qui vont devenir les hymnes nationaux du nouveau ministère.

M. Loubet et ses aides sont là, honteux, inquiets, mal à l'aise au milieu et à la merci de ces 80.000 manifestants. Tout à coup, auprès des bannières écarlates autorisées, un « libertaire » déploie un large drapeau rouge, la police intervient, une bagarre s'ensuit, et M. Loubet réclame au plus vite son landau. Les ministres le suivent, le drapeau rouge a triomphé.

Le lendemain, un journal, le *Matin*, prétendait que M. Méline avait bien ri de l'aventure. L'ancien président du Conseil répondit au rédacteur par une lettre grave et pleine d'inquiétude : « Il faut bien peu me connaître, y écrivait-il, pour s'imaginer que j'aurais trouvé plaisante une scène aussi triste, aussi navrante. »

Des ministres la trouvèrent tout à fait de leur goût. On le dirait du moins. Car, à la Chambre des députés, ils s'opposèrent à l'ordre du jour de M. Alicot (20 novembre 1899). Et pourtant ce député, comme tout bon Français, se bornait « à réprouver le déploiement du drapeau rouge ». La protestation était bénigne ! Mais elle déplut aux amis de M. Millerand, MM. Vaillant et Sembat, qui réclamèrent l'ordre du jour pur et simple. M. Waldeck-Rousseau n'avait plus qu'à s'incliner, il s'inclina.

Il n'en fallait pas plus, pour donner de grandes espérances aux socialistes et pour chauffer encore leur audace. Peu de jours après, la grève de Montbéliard battait son plein. Les émeutiers s'imaginèrent de venir en masse jusqu'à Paris, y porter leurs griefs et doléances. L'exode commença.

C'était grave et le gouvernement le comprit. Coqueter avec les révolutionnaires, il le faut bien, puisqu'ils font partie de sa majorité. Mais se laisser envahir, c'était trop. Il fit donc arrêter deux des principaux meneurs ; l'un, M. Quillici, ancien conseiller municipal de Marseille — ami et agent de M. Millerand comme nous le verrons, — l'autre, M. Biétry. Ce dernier protesta énergiquement, en disant : « Le ministère, ayant approuvé la manifestation de la place de la Nation, n'a aucune raison d'empêcher des travailleurs mécontents de se rendre à la capitale pour obtenir justice. » Après tout, il était logique cet homme !

Cette grève de Montbéliard n'est qu'un mince épisode dans la longue histoire des soulèvements ouvriers qui ont marqué d'un caractère particulier le ministère Waldeck-Rousseau. Jamais, en effet, les grèves n'avaient été aussi nombreuses, aussi prolongées, aussi révolutionnaires que durant ces dernières années : leur chiffre a plus que triplé. Les statistiques en font foi.

M. Méline, dans son beau discours de Remiremont, nous indique la raison profonde de ces phénomènes : les collectivistes, enivrés de leur succès ministériel, veulent profiter de l'occasion et donner un premier assaut à la société actuelle. Pour cela, il leur faut une armée solide, et cette armée, il faut la préparer de longue main. La grève, conclut-il, « n'est qu'une façon de mobiliser et d'entraîner l'armée révolutionnaire, avant de la concentrer pour la grande bataille (1) ».

Aussi, sous l'hégémonie de MM. Waldeck-Rousseau et Millerand, les grèves prennent une forme spéciale. Elles ne sont plus *professionnelles,* mais bien *insurrectionnelles.* « Ce sont de vrais mouvements révolutionnaires, et ceux qui les organisent ne s'en cachent pas (2). » Elles n'ont plus pour but premier et véritable l'amélioration du sort de telle catégorie de travailleurs ni l'amélioration de telle industrie particulière, mais elles visent beaucoup plus loin, elles doivent hâter « la grande révolution sociale qui amènera l'organisation collectiviste (3) ».

Une grève éclate, dans un centre manufacturier. Aussitôt une troupe d'émeutiers s'organise, qui traite la ville en place conquise, qui s'empare de la rue et l'encombre de défilés tapageurs. On arbore le drapeau rouge ou le drapeau noir, on chante à plein gosier le *Ça ira* et la *Carmagnole.* Les autorités municipales laissent faire. Il en est même, comme celles de Saint-Étienne, qui donnent des subventions à ces forcenés. Maîtres du terrain, les grévistes s'enhardissent, et l'on voit se renouveler quelques-unes des scènes de la Commune de Paris. A Chalon,

(1) Discours de M. Méline à Remiremont, 28 avril 1901.
(2) Discours de M. Méline à Remiremont, 28 avril 1901.
(3) Discours de M. Méline à Remiremont, 28 avril 1901.

en 1899, on lutte corps à corps et la mêlée devient sanglante. A Saint-Étienne, les émeutiers tentent de mettre le feu à la maison d'un patron, attaquent, renversent, piétinent un agent de police, coupable d'avoir fait son devoir, ils accablent de pierres les gendarmes et les dragons qui s'efforcent de maintenir l'ordre. Les choses durent ainsi pendant quinze jours, avant que le préfet et le gouvernement prennent des mesures efficaces : on dirait qu'ils ont à cœur de laisser la grève s'éterniser.

Il en va de même partout. Celle de Montceau-les-Mines dure 107 jours (1901) ; celle de Carmaux, plus de 60 jours (1900) ; celle de Marseille, près de 40 jours (1901). La faiblesse et la complaisance intéressée de M. Millerand et de M. Waldeck-Rousseau sont la vraie cause de ces longues crises. Et la preuve, c'est que dès qu'ils s'entremettent avec vigueur, la grève prend fin. — Ainsi la grève de Carmaux se termina le 17 avril 1900, le jour même où les citoyens Poulain et Calvignac avertirent les mineurs que le président du Conseil ne voulait plus intervenir et qu'il avait donné des ordres sévères pour assurer la liberté du travail.

Ah ! cette pauvre liberté du travail, comme on la laisse fouler aux pieds !... aussi longtemps du moins que les hommes d'ordre et de travail ne se décident pas à montrer les dents. A Carmaux, par exemple, onze ouvriers voulant reprendre l'ouvrage sont grièvement blessés. Le gouvernement ne fait rien d'efficace. Un comité se forme alors pour défendre la liberté du travail. Il écrit à M. Waldeck-Rousseau, le priant de faire respecter le droit de l'ouvrier. Pas de résultat. Le comité renouvelle ses instances, il demande une protection efficace, *avant de répondre à la violence par la violence*. C'est alors seulement que le président du conseil agit, par l'intermédiaire officieux des citoyens Poulain et Calvignac, et, du premier coup, l'ordre se rétablit. Il suffirait donc de vouloir !

Mêmes scènes violentes à Saint-Etienne, à Lens, à Carmaux, à Marseille, au Havre. A Marseille, les grévistes s'opposent par la force au déchargement des navires ; ils mettent tout en œuvre, promesses et violences, pour débaucher ceux qui restent à l'ouvrage, déchargeurs ou camionneurs. Ils dételent les chevaux des camions, ils éventrent à coups de couteau sacs et ballots de marchandise, ils les jettent en pleine rue, ils s'attaquent aux voituriers qui continuent leur service. Au lieu de s'en prendre aux vrais coupables, le maire socialiste Flaissières adjure M. Waldeck-Rousseau d'intervenir contre les patrons ! Pendant des semaines, la vie commerciale est arrêtée ; beaucoup d'usines et d'ateliers, tributaires des compagnies maritimes, doivent fermer leurs portes ; une foule de petites industries qui vivent de l'usine subissent le même sort. Que fait le gouvernement pendant ce temps ? Ne pas agir, n'est-ce pas être complice ?

Veut-on savoir ce que peuvent coûter à l'ouvrier et à la France ces grèves sans cesse renaissantes ? Deux exemples, pris entre cent, suffiront à nous éclairer.

D'après le rapport officiel du Conseil d'administration des mines de Blanzy et de *Montceau-les-Mines*, la dernière grève, si longue et si mouvementée — elle dura 107 jours — a coûté :

1.489.140 francs, en tant que frais directs (coût de la vie de la société, — entretien du personnel et du matériel).

2.000.000 de francs et plus, en tant que manque à gagner (c'est-à-dire le dommage résultant de l'interruption des ventes).

Les ouvriers ont perdu en salaires non distribués, par suite de l'interruption du travail, environ 3.750.000 francs.

Bref, la Compagnie a perdu tout le bénéfice de la hausse du cours, — qui se produit tous les 10 ou 15 ans, — et qui fournit aux exploitants le moyen de fortifier l'outillage et de *préparer l'amélioration du salaire des travailleurs.* « Voilà ce qu'a rapporté aux malheureux mineurs abusés la gréviculture intensive née du programme de Saint-Mandé... quatre millions de salaires perdus, des dettes, d'atroces misères subies, un long avenir compromis qui s'annonçait exceptionnellement fécond... Le siège de M. Bouveri a coûté cher aux gens de Montceau (1)... »

Ajoutons à cela des pertes bien autrement graves et qui atteignent toute la grande famille des travailleurs. Ce sont les contre-coups portés à toutes nos industries, par des grèves comme celles de Montceau et de Marseille ; ce sont les clients détournés de nous et s'adressant à l'étranger ; c'est l'inquiétude des capitaux qui émigrent de plus en plus, et vont vivifier l'industrie des autres pays.

Eh bien ! comme dit si justement M. Méline, « nous avons

(1) *La Liberté*, 4 janvier 1902. — Article de M. Georges Berthoulat.

le droit de demander compte au gouvernement de ces ruines, de ces misères, de cet état de guerre sociale et d'anarchie industrielle qui est encore plus désastreux pour les ouvriers que pour les patrons... Car c'est lui qui en a toute la responsabilité, pour avoir livré la direction du ministère, en matière économique, à l'influence directe du chef même du collectivisme (1). »

Si la seule présence du socialiste Millerand, dans le ministère, est pour beaucoup dans cette multiplication rapide du mouvement gréviste, que dire de ses imprudentes paroles ? Dans son fameux discours de Lens, le 7 octobre 1900, n'a-t-il pas encore encouragé des espérances décevantes, en faisant miroiter un âge d'or chimérique aux yeux des pauvres ouvriers. « Je demeure convaincu, leur disait-il, que le salariat ne sera pas plus éternel que ne le furent le servage et l'esclavage, et que la propriété... sera un jour attribuée... sous une forme sociale, à tous les hommes sans exception. La réalisation de cet idéal est lointaine ; ... la conquête en sera lente et pénible, elle ne sera l'œuvre que du temps et de l'éducation. »

Et cette conquête de la propriété pour tous, comment s'opérera-t-elle ? Sans doute par la *grève obligatoire*, dont M. Millerand enseigne la théorie aux mineurs de Lens. Le droit de grève, dit-il est « le recours suprême du travail aux abois ». Mais elle doit être votée à la majorité des voix, et une fois votée elle devient *obligatoire :* « Peut-on nier, ajoute le ministre, qu'en fait la grève résolue par un groupe de travailleurs, qui n'est pas toujours la totalité, *s'impose à tous ?* » Ce fait malheureux et dû à la faiblesse du gouvernement, M. Millerand trouve très bien qu'il se transforme en droit. « Lorsque, dit-il, des centaines d'hommes vivent d'une exploitation et la font vivre, on ne saurait prétendre qu'ils constituent des invidualités isolées, avec lesquelles il soit possible de traiter isolément : leurs intérêts sont liés entre eux comme ils le sont avec ceux mêmes de la société. »

Évidemment M. Millerand conseille au gréviste la dignité, la modération, le respect des droits d'autrui, le souci de la paix publique, etc., etc. ! Sornettes que tout cela ! Quand on a déchaîné les passions, on ne les calme pas avec un air sentimental de guitare.

(1) Discours de M. Méline à Remiremont, 28 avril 1901.

On ne s'étonnera pas, après ce qui précède, de la faiblesse du gouvernement à réprimer les grèves. Sans doute, M. Waldeck-Rousseau eût bien voulu agir contre les émeutiers, mais qu'aurait dit l'ami Millerand ? Sans doute celui-ci une fois arrivé au pouvoir et bien nanti, trouvait les grèves fort désagréables, mais comment penser à les entraver ? Ne serait-ce pas soulever les colères de ses anciens amis et les exciter à l'accuser de trahison ?

Voilà pourquoi, presque partout, gréviculteurs et grévistes voient à leurs pieds les agents du pouvoir, préfets, sous-préfets, commissaires, qui imitent l'exemple venu de haut, tolèrent les défilés bruyants, les bagarres, les excès de toute nature. La police, la gendarmerie sont terrorisées et paralysées : on les blâme, on les accuse, on les condamne, si elles agissent avec vigueur. De son côté, la magistrature, tremblant d'être désavouée, n'ose pas condamner, comme ils le mériteraient, les fauteurs de désordre, de pillage, d'incendies, d'agressions sanglantes.

Il y a plus. Le ministère Millerand ne se contente pas de laisser faire, il semble encourager. Des députés ministériels, des maires socialistes ministériels, des agents officieux du gouvernement, les Basly, les Jaurès, les Zévaès, les Guesde, les Calvignac, les Quillici, viennent souffler la haine, proférer des paroles de guerre ; ces déclamateurs politiciens, étrangers à tout travail, montrent aux ouvriers, la mine, l'atelier, l'usine, comme une terre promise, à la possession de laquelle ils ont droit. Comment les grévistes ne se croiraient-ils pas soutenus par le gouvernement, « quand les amis de M. Millerand, des amis avec lesquels il correspond directement, comme l'a établi le procès Quillici (1), viennent lui dire : « Mettez-vous en grève, le gouvernement est avec vous, il ne vous abandonnera pas, nous le savons de source certaine » (2).

(1) M. Firmin Faure a déclaré au procès de Quillici, arrêté durant la grève de Marseille, 1° que Quillici était un agent de M. Millerand : celui-ci l'avait même chargé de combattre Jules Guesde, au congrès d'Epernay ; — 2° que M. Millerand avait offert au dit Quillici de devenir avec lui propriétaire de la *Petite République*, moyennant un versement de 100.000 francs. Mais Quillici n'étant pas en fonds à cette époque, a refusé ; — 3° que M. Millerand, lors de la grande grève du Creusot, avait envoyé Quillici sur le théâtre de la guerre, pour combattre l'idée d'exode sur Paris, préconisée par Maxence Roldes. Et M. Faure concluait à l'acquittement pur et simple de son client, mandataire officieux du ministère. Quillici fut condamné à quelques mois de prison, mais son avocat ne fut pas démenti.

(2) Discours de M. Méline à Remiremont, 28 avril 1901.

Bien d'autres faits, — qu'il serait trop long d'énumérer tous, — prouvent à l'évidence la complicité tacite des ministres, dans les insurrections grévistes. Des municipalités socialistes bien ministérielles, comme celles de Carmaux, de Saint-Etienne, de Marseille, votent des subventions aux pires des émeutiers. M. Millerand permet, ou du moins ne défend pas. Mais il annule une résolution du Conseil municipal nationaliste de Paris, qui avait voté un subside pour les *jaunes,* c'est-à-dire, pour les ouvriers raisonnables, défenseurs de l'ordre, et désireux de continuer paisiblement leur travail.

Ces syndicats *jaunes,* bien professionnels, nullement politiques, ennemis du désordre et du pillage, M. Schneider, du Creusot, a la sagesse de les laisser se constituer et de les protéger. Par là, il travaille efficacement au retour de l'entente et de la paix. Mais les *jaunes* envoient une délégation au président du Conseil, pour lui demander de favoriser leur œuvre pacificatrice. M. Waldeck-Rousseau, par peur de mécontenter l'ami Millerand, répond qu'il ne peut rien pour le syndicat *jaune.* — Sans doute qu'il préférait dispenser ses faveurs aux syndicats *rouges,* qui représentent la lutte des classes, qui réclament la suppression des patrons, qui exigent la remise de la mine aux mineurs, au mépris de tout droit de propriété, de toute concession légalement acquise.

Et M. Millerand est satisfait de son œuvre ! Le 13 janvier dernier, il avait le front de dire aux habitants de Firminy : « J'ose croire que l'expérience qui vient de se poursuivre, les résultats qu'elle a apportés aux travailleurs... ne contribueront pas peu à maintenir le parti socialiste dans la voie des réalisations pratiques, par lesquelles s'annonce et se prépare son avenir. » Oui, Monsieur le ministre, la France souffre, son commerce est à la gêne, son industrie périclite, ses finances s'appauvrissent, la banqueroute est à l'horizon ; mais que vous importe, pourvu que votre parti, le parti socialiste révolutionnaire, marche de conquête en conquête, pourvu que par ses envahissements successifs il puisse tromper les travailleurs et préparer l'avènement prochain du collectivisme.

La *conquête socialiste,* voilà donc l'un des caractères essentiels du ministère Waldeck-Rousseau-Millerand. Par la faveur du pouvoir, par la législation, par les congrès et les émeutes, le socialisme monte, monte toujours : c'est comme une mer orageuse que rien n'arrête (1). Voici venir une de ses plus audacieuses tentatives.

Le gouvernement ne se compose pas seulement de ministres ; les deux Chambres en sont les principaux rouages. Or les délégués du *Congrès socialiste de 1899* proclamèrent que, dans les deux Chambres, les élus socialistes ne peuvent plus être indépendants. Il faut que, soumis à la direction du parti, ils soient tenus d'émettre un vote identique sur toutes les questions. — Et du coup, voilà toute une catégorie de députés et de sénateurs qui sont responsables de leurs votes, non pas devant leurs électeurs, mais envers le parti socialiste. — Pour qu'une direction efficace leur soit imprimée, on institue un *Comité central socialiste,* qui nommera lui-même une *commission exécutive socialiste.* Celle-ci contrôlera souverainement la presse du parti, les votes des députés et des sénateurs, les moyens de propagande, le budget, etc.

C'est un gouvernement tout organisé, — à côté du gouvernement légal ; — il a son parlement (le congrès annuel), son ministère (le comité central), son pouvoir exécutif (la commission), son budget, sa police, et il tient en lisières les sénateurs et les députés élus par le peuple. Que va faire l'autre gouvernement, qui connaît cette organisation ?

Le 12 décembre 1899, à la Chambre, M. Trannoy demande au ministère s'il a l'intention de laisser former un État dans l'Etat, une sorte de comité général révolutionnaire permanent ;

(1) Voici sur les espérances et les progrès du parti socialiste quelques déclarations de M. Jaurès : « L'heure est venue où le problème même de la propriété peut et doit être porté devant le Parlement, non plus par de simples déclarations théoriques, mais par de vastes projets précis et pratiques, où la socialisation nécessaire et rapide d'une grande partie de la propriété capitaliste, industrielle et foncière, prendra une forme juridique et économique définie. — L'heure est venue de mettre les partis politiques bourgeois non plus en face de formules générales, mais en face d'un programme d'action profond et vaste qui pose vraiment la question de la propriété et qui représente scientifiquement toute l'étendue de la pensée socialiste. » (*Petite République*, 15 octobre 1901.)

Et plus récemment : « Des progrès profonds, presque incalculables, ont été accomplis *depuis trois ans.* Le socialisme n'apparaît plus aux esprits comme un idéal lointain ; il s'est rapproché aux premiers plans historiques. Il n'est plus un mystère ou un épouvantail, mais une force présente et vivante dont beaucoup d'esprits commencent à souhaiter le développement continu.

« Bientôt une action ordonnée et puissante entraînera des énergies innombrables vers les fins socialistes. Dès les élections prochaines, malgré la confusion et le désarroi de surface qui résulte de nos querelles, le parti socialiste fera un grand et heureux effort, tantôt pour affirmer simplement son idée, souvent avec le légitime espoir de remporter la victoire. » (*Petite République,* février 1902.)

il adjure le gouvernement de s'expliquer. M. Waldeck-Rousseau refuse de traiter la question et obtient la clôture immédiate du débat, par 267 voix contre 237.

Le Comité de salut public, — je veux dire, le *Comité central socialiste,* — va donc fonctionner : en toute liberté, sous les yeux obstinément et paternellement fermés de M. Waldeck. Nous allons le voir un moment à l'œuvre. — La grève de l'usine Galland, à Chalon, avait amené de graves désordres : la gendarmerie avait dû tirer sur la foule ; elle avait fait trois victimes. Le citoyen Symian interpella le gouvernement à ce propos et faillit jouer un mauvais tour au cabinet. Mais M. Waldeck-Rousseau, par quelques cabrioles habiles, sauva la situation, fit avorter l'interpellation et réussit à obtenir le vote suivant : « La Chambre, comptant sur le gouvernement pour poursuivre les responsabilités qui seront établies par l'enquête judiciaire, *et réprouvant les doctrines collectivistes par lesquelles on abuse les travailleurs,* passe à l'ordre du jour. » Pour soutenir *leur* ministère, les socialistes eux-mêmes, les Rouanet, les Fournière, les Viviani, les Millerand, votèrent cette réprobation ouverte de leurs doctrines !

Le comité de Chalon transmit au Comité central l'expression de son indignation contre les députés socialistes. Il pria le comité « d'exercer son droit de contrôle sur les élus, en les invitant à prendre une attitude nette et ferme contre un gouvernement, soutien des fusilleurs contre les fusillés ». — Le comité central approuva, à l'unanimité, le vœu du Comité de Chalon et « désapprouva le vote de ses élus, qui ont sacrifié à des préoccupations politiques les principes supérieurs du socialisme ».

Le *Comité général* poursuit tranquillement l'organisation politique du parti. En 1900, il élabore sa grande Charte, qui précise les points principaux de la Constitution de l'État socialiste. En voici quelques articles, pleins de saveur :

Article premier. — Le but poursuivi est la transformation de la société capitaliste en une société collectiviste ou communiste.

Art. XIII. — Le Congrès national annuel a la direction du parti.

Art. XXV. — Les députés socialistes forment à la Chambre un groupe unique ; ils doivent se concerter pour arriver à l'unité de vote.

Art. XXVI, XXVII. — *Pour la propagande et pour les grèves, les membres du groupe parlementaire s'inscrivent à tour de rôle, au tableau de service. — Pour les grèves, le secrétaire du groupe délègue d'urgence les élus inscrits.*

ART. XXVIII. — Le groupe parlementaire socialiste doit présenter, chaque année, un rapport de ses travaux au congrès national.

Bref, les députés socialistes de nos assemblées souveraines ne sont que des marionnettes dont le comité général tient et manœuvre les ficelles. Cela se passe au vu et au su du gouvernement qui n'ignore pas, en conséquence, ce monstrueux *tour de service* des députés de sa majorité pour l'apostolat des grèves !

Le parti socialiste ainsi enrégimenté et discipliné, il lui fallait une forteresse solide, au centre même de la capitale, à Paris. Il jeta son dévolu sur la *Bourse du Travail*. Seulement une difficulté se présentait. Sans doute le socialisme y dominait, mais pas en maître absolu : le préfet de la Seine gouvernait ; une commission, composée par moitié de conseillers municipaux et de délégués des syndicats, l'administrait. C'était gênant ! On décida donc, en pressant un peu sur le président du conseil et sur M. Millerand, de mettre à la porte ces tuteurs importuns.

Ainsi fut fait. Sur l'injonction de quatre délégués des syndicats socialistes, M. Millerand fabrique un décret ; et, le soir même, M. Waldeck-Rousseau prend la peine de téléphoner lui-même à ces citoyens que le décret est sous presse. — Désormais les syndicats administreront eux-mêmes la Bourse du travail de Paris, par le moyen d'une commission de quinze membres à leur nomination. Quant au préfet de la Seine et aux conseillers municipaux, ils sont exclus. (18 juillet 1900.)

La réforme, à la vérité, n'avait rien de neuf : elle appliquait à la Capitale ce qui existait déjà dans les Bourses de province et y fonctionnait assez bien.

Mais à Paris, dans cette ville nerveuse et mouvante, où la Bourse du travail peut devenir si aisément un foyer d'émeute, elle a besoin de plus de surveillance. Les syndicats « rouges » qui sont de plus en plus politiques et révolutionnaires, et qui ont choisi pour emblème le drapeau rouge, ne vont-ils pas profiter de cet affranchissement pour les intérêts de la révolution ?

La fête du 3 juillet 1901 a clairement montré que oui. Les délégués socialistes français revenaient du Congrès international de Londres : en leur honneur, on pavoise de drapeaux rouges les fenêtres de la Bourse du travail. Envoi de la police qui en réfère à son préfet. Ordre d'enlever les emblèmes séditieux. Les socialistes refusent. Leur président, M. Granger, demande par téléphone à M. Waldeck-Rousseau si c'est lui qui a donné cet ordre. M. Waldeck-Rousseau répond que le préfet de police agit de son autorité privée et qu'il est dans son droit.

Les socialistes résistent aux cent cinquante agents : on se frappe, on se bouscule, mais les drapeaux sont enlevés de vive force. Enfin dira-t-on, voilà de l'énergie ! Oh ! attendez un peu, braves gens : vous ne connaissez pas les trésors d'indulgence qui dorment au cœur du gouvernement pour les socialistes, ses alliés !

La fête avait eu lieu le 3 juillet. M. Albert Lévy, secrétaire de la Fédération de la Bourse du travail, fut poursuivi pour sa participation active aux manifestations révolutionnaires de la journée. L'affaire fut plusieurs fois remise à longue échéance. Enfin, le 18 octobre, on lisait dans la *Patrie :* « Afin d'éviter tous les incidents à ce propos, toutes les affaires relatives au drapeau rouge ont été rayées du rôle et les poursuites se trouvent annulées. » Les journaux confirmèrent cette étrange nouvelle. Le gouvernement capitulait encore un coup !

Mais le parti ne voulait pas se borner à la théorie, à son organisation, à la propagande ; il entendait bien agir : ce fut le but du *Congrès général des Mineurs, tenu à Lens,* en avril 1901. C'était là que, six mois auparavant, M. Millerand avait prêché la grève obligatoire, et promis la propriété « à tous les hommes sans exception ». Le terrain était donc admirablement préparé par cette main ministérielle.

Le citoyen Basly préside la première séance. Il demande qu'on discute tout d'abord « les moyens à employer pour faire aboutir les revendications des travailleurs ». — On conclut à la grève générale. — Décidément les leçons de M. Millerand ont porté fruit !

A la séance suivante, le citoyen Calvignac, maire de Carmaux, émet un vœu de protestation contre l'emploi de la force armée dans les grèves. Il parle des trois victimes de Chalon ; mais il oublie les vingt-deux gendarmes blessés et renversés par l'émeute, avant toute espèce de provocation.

La séance la plus mouvementée est celle où l'on décide par acclamation d'inviter le gouvernement à faire cesser au plus vite le conflit de Montceau qui dure depuis des mois. Un délai de dix jours est accordé pour cela au ministère. Que si, dans les dix jours, le gouvernement n'a pas agi, la *grève générale* sera votée, après consultation de tous les mineurs par voie de *referendum*. En cas de vote, les abstentions devaient être comptées avec la majorité. Ainsi c'était la révolution sociale qui s'organisait.

Allait-on enfin se réveiller? Non!... Le gouvernement agit mollement et n'obtint rien : le referendum eut lieu. Sur 127.000 mineurs, il y en eût 50.000 à donner leur vote, 40.000 étaient *pour* la grève générale, et 10.000 *contre*. Environ 80.000 s'étaient abstenus : on les ajouta à la majorité! Tromperie odieuse, car la presque totalité des abstentionnistes ne demandaient qu'à travailler.

La grève générale, comme on le sait, n'aboutit pas. Fût-ce par l'énergique attitude du gouvernement? Oh! non; mais grâce à la lassitude des ouvriers que les chômages précédents avaient réduits à la misère. Cependant la seule menace d'une émeute pareille, toujours suspendue sur nos têtes, révèle un grand ébranlement social, un état morbide des plus inquiétants.

Voilà où nous a conduits le cabinet actuel, voilà le résultat de ses complaisances! — Celles-ci furent même poussées si loin qu'elles nous amenèrent au seuil de la guerre civile. Un jour, en pleine grève de Montceau, on apprend que les prolétaires s'arment pour la lutte. A Montceau, à Saint-Étienne, à Chalon, on distribue des fusils de guerre déclassés : le *Petit Sou* se vante d'en avoir envoyé 7.000; — on accumule les explosifs dans les caves; les mineurs de Montceau, armés de leurs fusils Gras, s'exercent publiquement au tir, sous les yeux des gendarmes; — le syndicat socialiste de cette ville est en possession de 4.000 armes; — celui de Saint-Étienne en a à revendre, puisqu'il en expédie à des communes voisines et jusqu'à Firminy; — on est à la veille d'un soulèvement ouvrier, d'une guerre sociale, et M. Waldeck-Rousseau assiste impassible à tous ces préparatifs. Il éprouve, prétend-il, des scrupules de légalité. Ah! il n'en avait guère, pour les inculpés de la Haute Cour!

Enfin cependant, le Président du Conseil ordonne aux détenteurs d'armes de les remettre aux autorités ; fort peu obéissent ; — il ordonne de perquisitionner, on tergiverse, on diffère, et somme toute on aboutit à trouver peu de chose. Le journal socialiste *Le Petit Sou,* l'avait bien prévu : « Les mesures tardives, écrivait-il, prises par le cabinet ne paraissent pas devoir donner de grands résultats. » L'événement lui donna raison.

Deux élections retentissantes survenues au cours de 1901 montrèrent, une fois encore, sur quelle pente dégringolait le ministère.

En février 1901, dans le XIe arrondissement de Paris, avait lieu une élection législative, où M. Max Régis disputait la pomme au citoyen Jean Allemane, socialiste, ancien communard, ancien forçat. C'est en faveur de ce dernier que se désiste, après ballottage, le candidat ministériel Legrain, et M. Allemane est élu.

En août 1901, le célèbre maire de Montceau, l'artisan des grèves, le citoyen Bouveri, se présente à Chalon-sur-Saône, contre un républicain centre gauche, M. Pinette et un M. Richard, candidat ministériel. Même jeu : celui-ci se désiste, au second tour, en faveur du révolutionnaire, et Bouveri est élu.

Or, dans les deux cas, les journaux ministériels exultèrent du succès obtenu par ces ennemis de notre ordre social, et tout le monde s'accorda pour regarder ces événements comme des victoires du cabinet. N'est-ce pas significatif ?

La visite du Tsar en France vint fournir à ces singuliers alliés du ministère, les socialistes, l'occasion de montrer leur amour pour la France et pour ses alliés. Ils trouvèrent moyen de se surpasser eux-mêmes en insolence et en grossièreté, sans que le ministère en parût choqué le moins du monde. Il a tant peur de perdre leurs voix, et, avec leurs voix, sa faible majorité !

L'ancien journal de M. Millerand, la *Petite République,* écrit suavement : « Nous sommes pour les opprimés, contre les oppresseurs... assez de gens acclament le tsar ; nous, nous saluons les Moujicks. » Elle annonce un grand meeting à la Salle des 1000 Colonnes contre le tsarisme. Elle fait savoir que le *Comité général socialiste,* — organisateur du meeting, — « affirme hautement ses sentiments de solidarité à l'égard de toutes les victimes de la tyrannie tsariste, et invite les militants à venir protester avec lui, à l'occasion de toutes les manifestations humiliantes dont la venue du despote russe est l'occasion ».

Comme en termes galants ces choses là sont dites !

Le citoyen Jean Allemane était le premier orateur inscrit ; pas besoin de commentaire.

De son côté, le citoyen Delory, maire socialiste de Lille, refuse de faire pavoiser les édifices communaux, en l'honneur du tsar. Il a l'impudence de dire qu'il réserve drapeaux et lampions « pour le jour où le peuple Russe sera délivré du joug abominable sous lequel il vit encore courbé ». Son préfet le rappelle aux convenances : Delory répond par des insolences et des injures ; le ministère le laisse bien en paix... Et dire que M. le docteur Lefranc, maire de Rethel, a été révoqué dans les vingt-quatre heures, pour avoir mal parlé du cheval du ministre André !

Tels sont les sentiments patriotiques de ce parti, ferme soutien du ministère. Ils ne sauraient nous étonner après les scandaleux applaudissements qui s'élèvent à l'extrême-gauche toutes les fois que dans un discours ou une citation faite à la tribune, on attaque l'armée de la France, et même son drapeau. Ces derniers mois ont été particulièrement marqués par ces répugnants incidents.

N'est-ce pas le cas de répéter : Dis-moi qui tu hantes, dis-moi qui te soutient et je te dirai qui tu es ?

Oui, qu'il le veuille ou non, ce ministère aura la triste gloire d'avoir fait faire au socialisme un pas immense et l'on ne se rendra compte que plus tard, du coup terrible porté par lui à la propriété individuelle.

En attendant, le laisser au pouvoir, c'est lui permettre d'accentuer de plus en plus ce mouvement socialiste et si celui-ci continue encore quelque temps, nul ne peut dire comment on pourra l'arrêter.

A vous donc de choisir, Electeurs !

Aimez-vous le drapeau rouge, la *Carmagnole* hurlée dans les rues et bientôt, — et déjà, dit-on — dans les régiments ?

Aimez-vous les grèves révolutionnaires, la liberté du travail entravée, l'industrie découragée, la sûreté nationale compromise ?

Aimez-vous la transformation de votre propriété capitaliste en propriété collectiviste, c'est-à-dire, en bon français, la suppression de la propriété particulière ?

Si oui, vous n'avez qu'à maintenir au pouvoir les amis et les complaisants des socialistes.

Mais si vous avez assez de drapeau rouge, assez de *Carmagnole*, assez de grèves, assez d'émigration des capitaux, assez de ruine de l'industrie, assez de menaces contre votre propriété, alors votez pour le candidat antiministériel.

Le moment est venu. *Il faut choisir !*

LE MINISTÈRE CONTRE LA LIBERTÉ RELIGIEUSE

Qui attaque une liberté, les attaque toutes et dans la personne des victimes de l'arbitraire, tous les citoyens se sentent frappés. Voilà pourquoi, quels que soient nos sentiments religieux personnels, nous devons donner une extrême attention aux attentats commis par le gouvernement contre la liberté religieuse. Aux catholiques, victime de cette série monstrueuse de vexations et de mises hors la loi, nous disons : « Rappelez-vous ce que ce ministère a fait contre vos convictions les plus sacrées, tout ce qu'il médite encore de perpétrer. Et réveillez-vous de votre torpeur, agissez en hommes qui veulent être des citoyens libres non des parias, dans cette République que vous acceptez franchement. »

Aux hommes non catholiques, mais épris de justice, d'égalité, de liberté, nous disons : « Rappelez-vous ce que, malgré vous, malgré vos exhortations à l'équité et à l'apaisement, on a commis contre vos concitoyens dont le seul crime était de vouloir suivre la religion séculaire de la France et songez qu'au train où vont les choses, un traitement pareil vous attend un jour, par le progrès de la tyrannie socialiste. »

C'est donc à tous que nous dédions ce tableau sommaire des entreprises et perfidies antireligieuses ; à tous, excepté à cette poignée de sectaires ministériels dont l'étroit cerveau ne conçoit la liberté, que comme le pouvoir d'empêcher d'être libre quiconque ne pense pas comme eux.

Mais vous autres, catholiques et honnêtes gens, *vous qui devez choisir* entre le député ministériel de l'oppression et le député libéral : écoutez.

Que le ministère dût entrer en guerre contre le *cléricalisme* (1), c'était évident *a priori*. Réunion de politiciens sans unité de doctrines, il lui fallait un lien plus avouable, plus montrable,

(1) Rappelons ici ce mot d'Henry Maret signalé récemment à la Chambre par M. Aynard : « Républicains, mes frères, ne renonçons jamais au péril clérical, ce serait nous arracher le pain de la bouche. » Cela explique bien des choses.

que la passion pour Dreyfus et l'horreur de l'armée. Ce lien fut vite trouvé, car son invention est à la portée de toutes les intelligences : ce fut la persécution religieuse.

Très géniale, cette persécution! Elle donnait au gouvernement l'appui de la meute socialiste et de la franc-maçonnerie, toujours en quête, l'une et l'autre, de morceaux friands de curés et de moines. Elle détournait l'attention du public indiscret lorsque quelque méfiance s'élevait contre les dictateurs. Enfin elle donnait un commencement de vengeance aux dreyfusards qui accusaient, sans aucune raison d'ailleurs, les religieux d'avoir été cause de la condamnation de Rennes. Que de motifs pour courir sus aux moines, aux curés, aux évêques! D'autant plus que ce n'est pas dangereux...

Dès le 15 octobre 1899, M. Millerand, dans ce voyage triomphal de Lille, où il fut accueilli aux cris de : « Vive la sociale! » par ses coreligionnaires socialistes, M. Millerand, dis-je, avait trouvé de bon goût de menacer les religieux et d'insulter les Sœurs du Bon-Pasteur. Ajoutons qu'il profita du voyage pour décorer M. Tainturier, l'un des magistrats dont l'étrange conduite dans l'affaire de l'innocent Flamidien, avait soulevé l'indignation des journaux rien moins que cléricaux. L'autre magistrat, M. Delalé, ne tarda pas non plus à recevoir la croix. Récompenses bien méritées, pour avoir retenu cinq mois en prison, un frère proclamé innocent, pour lui avoir fait subir l'épouvantable torture morale de la confrontation avec un cadavre dont un aide faisait rouler les yeux, enfin, pour avoir laissé échapper le vrai meurtrier, que la rumeur publique indiquait pourtant.

Ces préludes n'étaient rien. Voici que, dans les premiers jours de novembre 1899, sont déposés, coup sur coup, par le ministère, un projet sur les associations, c'est-à-dire *contre les congrégations,* et un autre, dit de scolarité, contre l'enseignement libre. Ce dernier consistait à imposer à tous les candidats aux fonctions publiques et aux Ecoles du gouvernement, l'obligation de faire leurs trois dernières années d'étude dans un établissement de l'Etat.

C'était donc, dans une large mesure, le retour au monopole universitaire, c'était l'amoindrissement de l'enseignement libre, c'était l'obligation imposée aux parents de faire élever leurs enfants dans des établissements qui ne leur plaisaient pas, sous peine de voir ces enfants exclus des charges publiques. Et à quel moment songeait-on à imposer cette obligation vexatoire ? Au moment où, de tous côtés, des critiques s'élevaient contre l'enseignement universitaire. Bien plus, au moment où un certain nombre de professeurs de l'Université affichaient des sentiments hostiles au patriotisme, à l'armée, à la religion. On a pu voir depuis, par des explosions vraiment inouïes, ce que cachaient l'esprit et le cœur de certains de ces maîtres qu'on veut de force imposer à la jeunesse française. Quand l'affaire Hervé éclata, on eût voulu croire que c'était un cas pathologique isolé, celui de ce professeur *Sans Patrie* qui désirait faire planter dans le fumier le drapeau de la France. Hélas ! plusieurs approbations scandaleuses vinrent démontrer le contraire : « Le syndicat des membres de l'enseignement, dit un groupe de professeurs, adresse au professeur Hervé ses plus vives félicitations et délègue MM. Louis Lapicque, maître de conférences à la Sorbonne, et Gustave Téry, ancien élève de l'Ecole normale Supérieure, professeur agrégé de philosophie, pour inviter les jurés de l'Yonne à faire respecter les principes de la Déclaration des Droits que les professeurs et les instituteurs ont mission d'enseigner. » Après l'acquittement scandaleux par le jury, plusieurs membres de l'Université offrirent un banquet au *Sans Patrie*. Bien plus, lorsque celui-ci eut été enfin frappé par le ministre, sous la pression de l'opinion publique indignée, M. Lapicque ouvrit une souscription pour Hervé et ses futurs imitateurs. Il paraît qu'il y eut de l'écho, car voici ce que constate la *Petite République :* « La caisse de la liberté universitaire est déjà très riche. Une cinquantaine de professeurs de lycées, un très grand nombre d'instituteurs et de professeurs d'écoles normales primaires ont répondu à l'appel de notre ami Lapicque. »

De cet esprit antipatriotique, on peut trouver d'autres manifestations. Ainsi M. Cavaignac écrivait le 9 décembre 1901 au Recteur de l'Académie de Caen :

« Monsieur le Recteur,

« J'ai reçu le volume que vous avez bien voulu me faire adresser et qui contient les conférences faites en 1900 et 1901 sous le patronage de la Société des amis de l'Université de Normandie.

« Je suis trop des amis de l'Université pour ne pas regretter profondément de voir propager avec l'approbation des plus hautes autorités, les doctrines que je rencontre dans quelques-unes des conférences que je viens de lire. »

Et il envoie sa démission, suivie peu après de celle de M. de Marcère.

Une démission analogue est envoyée pour le même motif à un autre groupe de professeurs, la société Condorcet, par M. Léon Bourgeois.

Voilà pour l'esprit patriotique de *certains* membres de l'Université.

Et que l'on n'aille pas voir ici l'intention d'attaquer le corps universitaire tout entier, et de lui attribuer, par une généralisation injuste, ce qui n'est le fait que de la minorité. Il n'en reste pas moins qu'un corps enseignant qui a le malheur d'être envahi par un mal antipatriotique aussi navrant, n'a pas le droit d'imposer son enseignement à l'universalité de la nation.

Il est du reste une autre considération qui nous mène aux mêmes conclusions. Quiconque ne se pipe pas de mots sonores et creux, sait à quoi s'en tenir sur les doctrines antireligieuses de la plupart des professeurs de l'Etat, surtout des professeurs de philosophie. Dès lors, qu'ils le veuillent ou non — et généralement ils le veulent, car la neutralité est une chimère, — ils imprègnent leur enseignement de cet esprit. Il existe à ce sujet bien des aveux. Au demeurant, il suffit de parcourir les manuels mis aux mains des élèves, les ouvrages et les revues dont on leur conseille la lecture, les auteurs mis aux programmes des examens, pour avoir l'impression fort nette que l'enseignement officiel est, somme toute, hostile au catholicisme.

Cela étant, de quel droit imposer aux catholiques de le faire subir à leurs enfants ? Le maître, l'éducateur, est le représentant des parents, leur suppléant. Il faut donc, en toute justice, que ces citoyens, *nos concitoyens*, soient libres de choisir ces éducateurs ; il faut surtout qu'ils ne soient pas forcés, sous peine de déchéance et d'exclusion des emplois publics, de faire donner à leurs fils un enseignement que leur conscience réprouve parce qu'il est antireligieux, ou simplement pas religieux. C'est là la plus vulgaire notion de la liberté et il faut toute la tyrannie jacobine de nos gouvernants pour vouloir en priver une partie des Français.

Que diraient les libéraux non catholiques, si on les obligeait à faire élever leurs enfants par des prêtres, sous peine de leur voir fermer les emplois publics? Ils crieraient à l'intolérance!

Eh bien cette intolérance dont ils ne veulent pas contre eux, ils doivent la détester quand on veut l'appliquer aux autres; ils ne doivent pas permettre que, par cette loi infâme, le gouvernement attente à la conscience de nos concitoyens catholiques. C'est ce que M. Jules Lemaitre exprimait dans son discours du 15 novembre 1899: « Tout en respectant le privilège centenaire de l'Université, nous demandons le maintien de ce qui nous reste de la liberté d'enseignement, de cette liberté qu'on menace obliquement et *avec la plus ignoble hypocrisie.* »

Le second projet présenté par le ministère en novembre 1900 visait les congrégations. Nous l'étudierons plus loin, lors de sa transformation en loi.

En attendant, et pour se faire la main, — surtout pour jeter un os à sa meute, — le gouvernement bondit sur les Assomptionnistes.

Pourquoi les Assomptionnistes? Je vous avouerai que ces religieux qui, usant de leur droit de citoyens, dirigeaient le journal *la Croix*, n'avaient pas montré un enthousiasme bien vif pour la cause Dreyfus. De plus, quelques-uns se permettaient, disait-on, — usant toujours de leur droit incontestable de citoyens, — de s'occuper d'élections.

L'occasion était superbe pour un gouvernement en quête de popularité malsaine.

D'un coup: 1° on vengeait la cause dreyfusarde;

2° On vexait les catholiques;

3° On donnait satisfaction à la bande franc-maçonne, sectaire, juive, qui hurlait de bonheur d'avoir du moine à se mettre sous la dent;

4° Enfin, on espérait bien porter un coup mortel au journal.

Le 11 novembre 1899, à 8 heures du matin, une avalanche de quatre inspecteurs et de vingt agents conduits par le souschef de la Sûreté, tombait sur la rédaction de *la Croix* et sur le couvent des Assomptionnistes. Le prétexte, c'était, faute de mieux, le fameux article 291, dont tout le monde, M. Waldeck compris, s'accordait à reconnaître l'absurdité. En tous cas, il ne s'appliquait certainement ni à une Rédaction de journal, ni à une communauté religieuse, selon l'avis des jurisconsultes ; et le gouvernement de 1881, qui avait ramassé dans ses décrets, une si belle collection de vieilles entraves, menottes et autres ferrailles rouillées, avait dédaigné celle-là. N'importe, on brandit le 291, et avec quelle grâce,... vous le savez. Pour ameuter la presse ministérielle, on prétendit, sur des racontars ou des rêves, avoir découvert 1.800.000 francs en caisse, alors qu'en réalité, il y avait 79.000 francs, destinés aux paiements multipliés d'œuvres importantes, telles que l'imprimerie de la Bonne-Presse, par exemple. Les documents compromettants pour les accusés étaient livrés au *Figaro*, sans qu'on sût comment. Quant au réquisitoire, dans le procès qui suivit, il s'efforça bien entendu de représenter les moines comme des conspirateurs, des ennemis de la République, etc. C'est vraiment par trop naïf. *La Croix* était dès longtemps, *ralliée* à la forme de gouvernement actuel. Et quant à la conspiration, elle devait être bénigne, puisque le tribunal de première instance, ne trouva à prononcer *qu'une amende* **de 16 francs.** Il est vrai que la Congrégation était déclassée, disjointe par le jeu naturel du fameux article 291. Au fond c'était le but de la comédie : causer la mort de la communauté, et par le fait même de *la Croix*. On sait assez que ce dernier résultat ne fut pas atteint.

A ce sujet, le gouvernement eut occasion de déployer sa tendresse à l'égard de ce clergé séculier qu'il feint de défendre contre les religieux, avec une piété si touchante que Tartuffe en serait embaumé !

Quelques évêques avaient manifesté leur sympathie aux Assomptionnistes par des lettres dont plusieurs avaient été écrites avant la condamnation. De plus, le cardinal Richard était allé visiter les religieux comme un père va consoler des fils affligés.

Ah ! on en avait vu bien d'autres après la condamnation Dreyfus ! Des fonctionnaires, en particulier des professeurs, avaient bruyamment proclamé leur réprobation de la sentence rendue. Le ministère s'était tu, ou plutôt avait fait *chorus,* en graciant avec précipitation le coupable.

Mais ici, rien que des évêques devant soi : dès lors, on est brave. Les traitements de six de ces prélats sont supprimés d'un trait de plume, ce qui représente une amende d'environ 10.000 fr. par an, amende prononcée sans aucune enquête, sans jugement, sans défense et sans droit.

Quand M. Lapicque monte une cabale contre son ministre en faveur du *Sans Patrie,* on se décide, bien à contre-cœur, à le suspendre pour six mois de ses fonctions, mais *non de son traitement :* — payé à ne rien faire ! — Quand des évêques ont écrit une lettre de sympathie à des religieux, on leur assène aussitôt une amende de 10.000 francs par an, la durée pouvant d'ailleurs indéfiniment se prolonger. O justice !

Quant au Cardinal Richard, M. Waldeck-Rousseau, protecteur et régent de l'Église de France, voulut bien se contenter de le morigéner comme un petit garçon.

A l'occasion de cette affaire, M. le Président du Conseil met à jour un gracieux projet de loi contre le clergé. Loi admirablement conçue : « Toute critique dirigée par les ministres des cultes, sous quelque forme que ce soit, contre les actes de l'autorité publique, sera punie d'un emprisonnement de quinze jours à trois mois. »

On pourrait aller loin avec un pareil texte ; il aurait suffi que M. le Curé, en mettant ses pantoufles, eût dit à sa servante : « Quel triste gouvernement nous avons ! » pour le faire emprisonner aussitôt.

La Commission de la Chambre trouva le projet exorbitant et le rejeta ; mais il reste à M. Waldeck-Rousseau l'honneur d'avoir prouvé par là sa profonde tendresse à l'égard du clergé séculier.

Ne mentionnons que pour mémoire l'expulsion violente des Religieux Trinitaires établis à Faucon. Ils étaient huit, parmi lesquels six *Alsaciens* dont les parents avaient servi glorieusement dans l'armée française. N'importe, leur appliquant, brutalement et sans raison, la loi qui permet d'expulser de France les étrangers, on les conduisit à la frontière, on ajouta sur le décret d'expulsion des Alsaciens la mention : sujet allemand. Notons qu'ils avaient tous demandé à être naturalisés. Ah ! que n'étaient-ils juifs de Francfort ! ! ! on les eût décorés !

Le 2 avril 1900, apparition d'une circulaire onctueuse adressée aux évêques par M. Waldeck. « Ce saint homme » trouve que l'habitude de faire appel aux membres de congrégations non autorisées pour organiser dans les paroisses des missions ou prédications extraordinaires, a « l'inconvénient grave de soustraire à l'action directe du clergé séculier... une partie importante du service paroissial » ; il trouve que cela ne peut que « porter atteinte à l'organisation paroissiale ».

Dès lors, le défenseur de la foi exhibe pieusement un vieux décret du 26 septembre 1809, rendu par le Despote dans un moment de fureur, au début de sa lutte contre le Pape (un séculier pourtant), décret qui n'a jamais figuré au *Bulletin des Lois,* décret tombé en désuétude et qui, d'ailleurs s'appliquait à tout autre genre de prédication. Mais il faut bien ennuyer les religieux et le clergé séculier.

M. de Lanessan dédaigne ce fretin et choisit plus haut son adversaire. Ce sera Dieu lui-même dont il avait osé dire jadis dans un banquet maçonnique : « Oui, nous devons écraser l'Infâme, mais l'Infâme, ce n'est pas le cléricalisme, l'Infâme, c'est Dieu ! » Le Vendredi Saint 1900, ordre arrivait le matin dans les ports de supprimer le deuil réglementaire. A Brest, les bâtiments avaient déjà mis leur pavillon en berne et leurs vergues en pantenne. Il fallut tout rétablir en place, tandis que les navires de commerce, heureux de n'être pas aux ordres de l'Athée, continuaient à porter le deuil de Celui qui soutient et inspire l'héroïsme de tant de braves gens.

L'amiral Dupont faisait remarquer à cette occasion que toutes les marines chrétiennes mettaient leur pavillon en berne le Vendredi Saint, et qu'en faisant bande à part, nous nous exposions aux critiques malveillantes des Anglais, Américains, Espagnols, Italiens, Autrichiens, Russes, Grecs, etc. Le *Temps* lui-même, ministériel et peu clérical, trouvait « que la mesure ne saurait se justifier en aucune manière », que le deuil du Vendredi Saint « ne blessait la conscience de personne et était chère à la majorité de nos équipages ».

Dix-huit mois plus tard, M. de Lanessan devait compléter son œuvre, en détruisant dans la marine une grande partie des maigres possibilités données aux marins d'accomplir leurs devoirs religieux. Les règlements, dressés pourtant sous des gouvernements fort peu cléricaux, prescrivaient certains honneurs à rendre pendant la messe célébrée à bord, prenaient quelques précautions afin d'empêcher le tapage à ce moment, fixaient l'heure d'instructions religieuses *facultatives* et les conditions de la prière, à laquelle on était libre, d'ailleurs de s'associer ou non. Ces pratiques, chères à la plupart, ne pesaient sur la conscience de personne. Dès lors, leur suppression était un vulgaire acte antireligieux, exécuté pour complaire aux Loges dont le ministre est un fervent. Mais c'est justement pour cela qu'on l'accomplissait. Ne fallait-il pas « écraser l'Infâme » ?

Le lundi de Pâques 1901, trois jours après la suppression du Vendredi Saint, des auxiliaires inattendus venaient partager la besogne du F.·. de Lanessan. Ils pénétraient de nuit dans la magnifique église d'Aubervilliers, brisaient les vases sacrés, tordaient avec rage les crucifix, puis allumaient sept foyers alimentés avec des chaises. Aucun tronc ne fut forcé. Quand on s'aperçut du méfait, vers 4 heures du matin, il était trop tard et bientôt le clocher s'effondrait, blessant trois personnes, dont le Curé.

En présence de cet attentat, l'attitude du gouvernement fut singulière. Les journaux les moins cléricaux lui jetaient à la face que c'étaient ses excitations à l'anticléricalisme, ses complaisances envers l'anarchie qui avaient occasionné ce crime. Aussi le mot d'ordre ministériel fut-il d'innocenter les anarchistes et de tout mettre sur le dos de voleurs vulgaires, qu'on devait d'ailleurs se garder de trouver. On avait d'abord confié l'enquête au commissaire spécialement chargé des anarchistes : vite, on le dessaisit... s'il allait trouver les coupables !... puis on dessaisit le juge d'instruction ; grâce à ces expédients, on ne trouva personne. Cependant un habitant d'Aubervilliers disait : « On connaît les coupables, mais on ne veut pas les voir. » Et un agent de la brigade des recherches faisait cette confidence : « Nous connaissons depuis longtemps les auteurs de l'incendie ; seulement on nous dit d'aller à droite alors qu'il faudrait aller à gauche. » On eut même une idée géniale : on arrêta le sacristain et aussitôt les calomnies de courir, jusqu'à ce qu'enfin on ait été obligé de relâcher le pauvre homme. Quant aux coupables, ils courent encore. Ah ! qu'il fait donc meilleur d'être anarchiste que d'être moine ou curé !

De la première partie de cet aphorisme, on eut une nouvelle

preuve quand, le 13 juillet 1900, les pillards de l'église Saint-Joseph furent graciés, on ne sait pourquoi.

En revanche, on introduisait pendant ce temps une infâme affaire contre un vénérable prêtre, l'abbé Santol. Les accusateurs, indignes de toute créance, semblaient avoir été ramassés dans la boue, comme ce Tripet dit Frisette dont on avait osé invoquer le témoignage. Il fut prouvé que l'affaire avait été préparée dans les bureaux d'un journal ministériel, que des témoins avaient été subornés ; bref un vrai coup monté. Aussi le respectable accusé fut-il acquitté à l'unanimité.

Or, le juge d'instruction qui avait tenu en prison six mois cet innocent, qui avait fait état contre lui de pareilles dépositions ramassées au ruisseau, ce juge était nommé, environ un mois après, à un poste élevé au ministère de la justice.

Cela rappelle les deux décorations distribuées aux bourreaux du Frère Flamidien.

Après l'odieux, le grotesque. Un certain Thomas, maire de Bicêtre, s'avisa un jour de passer à la postérité sur les ailes du ridicule. Il libella une interdiction de porter dans la commune le costume ecclésiastique, du moins pour les prêtres qui n'y exerceraient pas des fonctions reconnues.

L'arrêté muni de considérants comme celui-ci : « Que si le costume spécial dont s'affublent les religieux peut favoriser leur autorité sur une certaine partie de la société, il les rend ridicules aux yeux de tous les hommes raisonnables et que l'Etat ne doit pas tolérer qu'une catégorie de fonctionnaires serve à amuser les passants » ; cet arrêté, dis-je, excita une formidable hilarité. On avait tort, car ce n'était qu'un ballon d'essai lancé par la Franc-Maçonnerie, la première manifestation d'un mot d'ordre qui allait s'étendre avec une rapidité étrange. Issy-les-Moulineaux, Persan, Saint-Etienne, etc., etc., emboîtèrent le pas, et bientôt, s'organisa dans ces diverses villes, une chasse aux soutanes, prélude de celles que nous reverrons si le parti reste au pouvoir.

Chose plus grave, la complicité du gouvernement se dévoila. D'abord le préfet de police, tout en annulant le premier arrêté de Thomas-Bicêtre, eut soin de lui indiquer comment il fallait procéder à l'avenir : pas de considérants, un simple rappel de l'arrêté du 17 nivôse an XII ; et ce serait légal. Les Thomas comprirent et rendirent de nouveaux ukases en ce sens. Bientôt les procès-verbaux pullulèrent et la justice de paix, dûment saisie, déclara illégale la mesure des maires. L'un d'eux, celui de Saint-Etienne, se pourvut en cassation et c'est alors qu'intervint un fait d'une extrême gravité à cause des tendances qu'il indique. En effet, le ministère public, organe du gouvernement, concluait bien au rejet du pourvoi formé par le maire, mais il sollicitait la Cour d'introduire dans son arrêt la réserve suivante : « Il en serait autrement (c'est-à-dire l'arrêté interdisant la soutane ne serait plus illégal), si le maire avait invoqué des considérations d'ordre public et agi en vertu du droit de police qui lui est conféré par les articles du code... etc. »

En d'autres termes, c'était dire à la Cour de cassation : « Indiquez aux maires ce moyen d'aboutir, revêtez-le de votre haute autorité, et demain, dans une partie des communes de France, nous aurons enfin une chasse efficace et soi-disant légale à la soutane. »

La Cour se refusa heureusement à cette triste action. Mais le gouvernement garde la honte de l'avoir sollicitée. Citons, pour conclure, l'appréciation autorisée de M. Crépon, ancien conseiller à la Cour de cassation :

« Voici une campagne... qui est destinée, si elle s'étend, à jeter dans le pays un trouble considérable, n'importe, ou plutôt, c'est à cause de cela qu'il importe de la pousser quand même.

« Un acte de l'autorité administrative supérieure peut couper court à ces entreprises... l'acte intervient, mais il est plutôt un encouragement qu'un désaveu.

« L'autorité judiciaire est saisie ; elle dit le droit, comme elle le devait dire ; mais quand on arrive devant la Cour suprême... voici que s'entr'ouvre une porte par l'entre-bâillement de laquelle peuvent passer toutes les folies et les haines de ceux qui voudraient poursuivre l'œuvre commencée par les ouvriers de la première heure.

« A l'un de ceux-là, franc-maçon notoire, mais au fond bon homme, comme quelqu'un reprochait doucement ce qu'il avait fait, et s'en étonnait, il recevait cette réponse : « Cela ne nous « convenait guère et nous ne l'aurions pas fait tout seuls, mais « que voulez-vous ? les loges ont dit qu'il fallait marcher et nous « avons marché. »

Telle est la moralité de l'histoire : Les Loges ont dit au gouvernement : sus aux curés ! et le gouvernement a marché ou laissé marcher, sans souci du trouble qu'il allait exciter dans le pays. Jugez-le par ce fait.

Mais tout cela n'est rien à côté de la grande iniquité qui se prépare et dont M. le Président du Conseil annonce la réalisation le 28 octobre 1900, à Toulouse. Il s'agit de cette *loi d'association*, destinée à devenir le criterium qui permettra de séparer les sectaires des libéraux, nous l'étudierons à part un peu plus loin.

Signalons, en attendant, quelques autres incidents de la guerre au clergé. — Le 10 octobre 1900, M. Waldeck supprime le traitement d'un curé du diocèse d'Annecy, coupable d'avoir interrompu la récitation des prières au cimetière parce qu'on y avait déployé des drapeaux antiliturgiques. En cela, il ne faisait qu'obéir aux ordres de son évêque, Mgr Isoard, qui se conformait lui-même aux prescriptions de l'Église. L'évêque défendit son curé, et, comme il s'agissait de cérémonies purement religieuses, affirma de nouveau dans une ordonnance, son droit et son devoir d'obéir aux règles liturgiques de l'Eglise. — Pour ce, il fut condamné comme d'abus, par le Conseil d'Etat érigé en Haute Cour ecclésiastique, de par M. Waldeck, arbitrairement régnant.

A Reims, le 2 novembre, procès-verbal contre le cardinal Langénieux, pour une cérémonie le jour des Morts. — Le 11 décembre, la Chambre vote la suppression de la messe du Saint-Esprit. Je dois à M. Monis l'aveu qu'il ne pousse pas à cette mesure, mais elle est prise par la majorité ministérielle.

Le 7 juin 1901, le nouveau Directeur de l'Assistance publique choisi par le gouvernement, répond au sujet de la réintégration des Sœurs dans les hôpitaux de Paris : « Si vous comptez sur moi *pour cette besogne-là*, vous vous trompez singulièrement. » Parole barbare, quand on se rappelle les gaspillages, manques de soins, brutalités, signalés constamment contre l'Assistance publique depuis que les Sœurs ont été chassées ; quand surtout on la rapproche de la constatation que venait de faire ce même directeur : à savoir qu'il faudrait encore augmenter le traitement des infirmières laïques. Qu'importe les malades ! Ce qui importe, c'est d'écarter toute religion.

Durant ce même mois de juin, à Armentières, à Roubaix, dans d'autres villes du Nord, l'exercice du culte, à l'occasion de la Fête-Dieu, est troublé par d'ignobles bandes. Les catholiques sont injuriés, frappés, blessés. On dirait un mot d'ordre des socialistes, car le mardi 11 juin 1901, Mgr Sonnois venant à Denain pour la pose de la première pierre d'une église, est reçu par un chahut d'anarchistes qui se prolonge paisiblement jusqu'à onze heures du soir. Le lendemain, comme le Prélat revêtu de ses ornements, allait se rendre à l'église pour administrer la confirmation, le commissaire de police, brave ce jour-là, l'empêchait de sortir et l'évêque dut aller faire la confirmation dans une paroisse des environs ; encore les socialistes l'y poursuivirent-ils. — Voilà comment on défend le clergé séculier ! Au Cateau, c'est mieux encore, et le commissaire de police dresse procès-verbal à Mgr de Lydda parce que, du seuil du presbytère, il avait donné sa bénédiction à des enfants et à leurs parents qui l'avaient accompagné.

Insulter les catholiques, c'est bien bon. Leur imposer une taxe d'exception, est meilleur encore et moins dangereux. Le maire sectaire de Lyon, M. Augagneur, n'avait rien trouvé de mieux pour remplacer certains droits de consommation supprimés par le conseil municipal, que de frapper d'un impôt spécial chaque élève d'un établissement d'instruction libre. Les internes payeraient 20 francs par an, les demi-pensionnaires 10 francs. Le but de cette mesure était très simple : M. Augagneur l'avait exposé en ces termes : « Nous faisons un régime de faveur aux établissements de l'État et un régime de défaveur aux autres. » Et comme on lui faisait remarquer que c'était un acheminement vers le monopole de l'enseignement : « C'est une raison, monsieur », répondit-il. La pensée était donc claire, il s'agissait de frapper les parents catholiques d'une pénalité pour les punir de faire élever leurs enfants à leur guise.

Eh ! bien, écoutez ceci, gens non sectaires et libéraux, M. Caillaux trouva cela parfait, il présenta et soutint cet abominable article dont M. Aynard disait indigné : « J'ai confiance que dans cette Chambre, les représentants de la nation comprendront que leur premier devoir est d'empêcher les tyrannies locales et de ne pas livrer les libertés publiques aux fantaisies des conseils municipaux. » — Vain espoir, les sectaires ministériels votèrent l'article par 256 voix contre 249. Heureusement le Sénat eut un accès de bon sens et refusa de sanctionner cet impôt.

Ces agissements, et d'autres que nous passons sous silence, sont la preuve évidente du mauvais vouloir du gouvernement actuel à l'égard de la religion de la majorité des Français. Et pourtant, ils ne donnent qu'une ombre d'idée de la persécution latente qui s'exerce dans le pays, surtout contre les fonctionnaires, les enfants, les pauvres, etc. Chaque jour, des faits sont rapportés dans les journaux qui montrent les consciences violentées par les sectaires au pouvoir. Les agents subalternes savent qu'ils se font bien voir en déployant du zèle contre quiconque pratique sa religion, et ils s'en paient en conséquence. Ici, ce sont de pauvres mères de famille, à qui on refuse des secours auxquels cependant elles ont un droit strict, sous prétexte que leurs enfants vont à l'école libre. Là, — j'emprunte le fait au *Temps*, — c'est la caisse des écoles du XVIIe arrondissement qui exclut du dispensaire les enfants fréquentant des écoles privées. Et cette pratique est générale, à peu près partout où dominent dans les conseils municipaux, les amis sectaires du ministère.

Ailleurs, ce sont les fonctionnaires avertis qu'ils perdront leur place ou verront leur avancement compromis s'ils font élever leurs enfants dans un collège religieux : ou bien des employés de l'administration, qui se voient menacés de déplacement ou de révocation s'ils continuent à pratiquer leur religion trop publiquement. On voit des instituteurs insulter le Crucifix devant leurs élèves et s'efforcer de détruire en eux toute croyance religieuse. Ces instituteurs sont conviés officiellement à entrer dans la franc-maçonnerie, comme ceux de l'Ecole normale de l'Indre à qui le préfet adressait cette allocution : « Je compte sur votre dévouement au gouvernement de défense républicaine. Un des meilleurs moyens de l'affirmer sera de vous faire recevoir francs-maçons. Vous avez une loge à Châteauroux. Il faut vous y affilier. Votre carrière y gagnera, car je suis bien décidé à ne faire avancer que les instituteurs maçons. » L'armée n'est pas exceptée et nous savons que c'est une tare aux yeux du ministre de la guerre que d'aller à la messe ! « Après la guerre, déclare à Gray, le 9 septembre 1901, ce factotum de la maçonnerie, après la guerre, des hommes que je veux croire de bonne foi ont fait l'expérience du cléricalisme dans l'armée. Cette expérience n'a pas réussi, et *c'est moi qui me suis chargé d'extirper le cléricalisme de nos régiments, et je ne faillirai pas à cette tâche.* »

Je le répète, on ferait plusieurs volumes en réunissant les vexations mesquines, mais souvent absolument barbares, dont sont abreuvés ceux de nos concitoyens catholiques qui, voulant pratiquer leur religion, ont le malheur d'être sous la coupe des agents du pouvoir.

Eh! bien, cela est monstrueux ! Laissez la liberté à tous, surtout aux petits et aux pauvres, et cessez votre tyrannie, nous n'en voulons plus !

On trouvera peut-être que je me suis trop appesanti sur ce sujet. Je ne le crois pas. Encore une fois, toutes les libertés sont solidaires, et quiconque attaque l'une ébranle les autres. De plus, dans cette grande réunion des honnêtes gens, qui se fait en cette veille d'élections pour donner l'assaut à une insupportable tyrannie, il faut que *tous* connaissent les griefs de *tous*. Voilà pourquoi nous allons exposer brièvement, mais complètement la grande iniquité de la loi d'associations et des projets futurs dont est menacée la liberté religieuse — disons mieux, *la liberté tout court*.

LA LOI DES ASSOCIATIONS

L'économie de cette loi voulue, obtenue, conquise par la froide volonté de M. Waldeck-Rousseau est très simple : liberté entière pour toutes les associations, notamment pour les associations socialistes, capitalistes, financières ; et d'autre part, régime de restriction, de servitude, d'étranglement pour les congrégations religieuses. Pourquoi ? parce qu'elles déplaisent à la majorité sectaire ministérielle : vous serez privés de la liberté commune, car « tel est notre bon plaisir ».

Voici, dès l'ouverture des débats (14 janvier 1901), l'appréciation — désintéressée, je pense — de Jules Lemaître :

« La loi sur les associations vient d'entrer en discussion à la Chambre. Cette loi est, pour la franc-maçonnerie, « la grande pensée du règne ». C'est sans doute pourquoi la Chambre a inauguré les débats par un acte stupéfiant d'imbécillité. En cinq minutes, la même majorité ministérielle a déclaré qu'elle repoussait la séparation des Églises et de l'Etat, mais qu'elle repoussait aussi le maintien du Concordat. Ainsi, ils ne veulent pour les Églises, ou plus exactement pour l'Église Catholique (car les deux autres leur sont amies), ni du pacte séculaire qui garantit son existence matérielle, ni d'une liberté qu'ils envisagent avec terreur. Que veulent-ils donc ?... Oh ! il y a du moins une chose qu'ils veulent avec une netteté admirable ; c'est l'assouvissement de leur haine et de leur cupidité par la confiscation de la plus grosse part des biens des Congrégations. Après, on verra.

« Je parle ici en toute indépendance d'esprit. En fait de congrégations, je n'aime que les charitables : Petites Sœurs des pauvres, Sœurs de Saint-Vincent de Paul, Frères de Saint-Jean-de-Dieu, etc... Et je reconnais que plusieurs des congrégations de cette espèce sont et resteront sans doute autorisées. Les autres me sont indifférentes. Je les défends, non par sympathie, mais par devoir, par amour de la justice et à cause de l'écœurement que me donnent la bassesse et l'hypocrisie de leurs ennemis.

« Ce qui se prépare est plus odieux qu'on ne peut dire. Pour nous, bonnes gens, la question est bien simple. La liberté d'association est de droit naturel. Elle facilite l'exercice des autres libertés. Elle en est la condition, au même titre que la liberté de la presse.

« Il est monstrueux que les citoyens n'aient pas le droit de s'assembler, aussi nombreux qu'il leur plaît, pour suivre en commun une règle morale et religieuse. Les gens qui forment les congrégations sont des hommes et des femmes qui ont eu la chance de trouver leur idéal de vie. Ils sont tranquilles, heureux à leur façon ; ils ne demandent plus rien ; on est bien sûr que ce n'est pas eux qui troubleront la société (notez d'ailleurs que beaucoup la servent, en recueillant ses vieillards, ses malades et ses orphelins). Il serait à souhaiter que la France se couvrît d'inoffensives petites républiques de ce genre : congrégations religieuses, mais aussi congrégations de socialistes ou de positivistes, phalanstères agricoles, ou même libres couvents de philosophes désenchantés, mettant en commun leurs ressources.

« Il y a, je sais bien, le spectre de la « mainmorte »... Une législation très simple parerait au danger par des taxes équivalentes aux droits de succession et de mutation, et en limitant, pour les communautés religieuses ou laïques, la faculté de posséder des immeubles. Voilà tout. Sous cette seule réserve, un état intelligent encouragerait le développement des congrégations, puisque leur façon de vivre est ce qui assure le mieux à ceux qui s'y rangent, la tranquillité matérielle et la paix de l'âme, et puisque l'État est intéressé à ce que le plus grand nombre possible de citoyens vivent à leur gré et s'estiment heureux. . . .

. . . .

« Toutes les monarchies d'Europe, même l'Espagne, même l'Autriche, ont la liberté d'association ; nous ne l'avions pas hier, et demain nous l'aurons moins encore. Trente ans de République aboutissent à la plus cynique des tyrannies.

« Qu'ils la fassent donc, leur loi ! Aux groupes de citoyens qu'elle frappera, je conseille nettement la résistance, jusqu'à la dernière extrémité, à la force publique. Leur honneur d'hommes leur en fait un devoir. »

Telle était sur la loi proposée, l'opinion des vrais libéraux, avant même que s'ouvrît la discussion. — A celle-ci, M. Waldeck-Rousseau préluda par le fameux discours de Toulouse

(28 octobre 1900), où il ne craignit pas de parler des « deux jeunesses » lui, l'infatigable diviseur, le déchireur de la France. — Mais surtout il lança dans le pays le célèbre *milliard des Congrégations,* afin de faire frissonner les naïfs à l'aspect du spectre de la mainmorte ; afin aussi d'aiguiser les convoitises de ses amis socialistes.

Aussitôt ce fut une explosion d'indignation factice et enflée, dans les journaux ministériels. Un milliard ! ils ont un milliard ! voilons-nous la face ! — En même temps les socialistes se pâmaient d'aise, à la pensée de cette première « nationalisation » de propriété capitaliste. Dans un article intitulé : *Le premier pas,* l'agitateur gréviste Maxence Roldes, s'écriait :

« Il ne nous déplaît pas de voir M. Waldeck-Rousseau, adversaire cent fois déclaré du socialisme, préposé à la défense capitaliste, faire brèche dans le droit propriétaire et parler de liquidation.

« M. Waldeck pose les prémisses. Nous saurons en dégager les solutions. »

L'extrême-gauche applaudit lorsque cette citation fut faite à la tribune. C'est donc bien là sa théorie et c'est pourquoi cette loi lui tenait tant au cœur. Elle est *le premier pas.*

Cependant ce *milliard des Congrégations* n'était « qu'un de ces mots ailés qui parcourent le pays, qui font leur chemin, qui soulèvent toutes les colères, qui développent toutes les convoitises ». (M. de Mun). Il fallait lui donner une apparence de réalité. M. Caillaux s'en chargea dans une célèbre enquête qui restera longtemps le plus parfait chef-d'œuvre de la mauvaise foi jacobine.

Pour arriver au chiffre fatidique, on entassa pêle-mêle tout ce qu'on put trouver, que cela appartînt ou non aux moines. — Aucune constatation contradictoire : les agents seuls appréciaient à l'œil, sans qu'aucune réclamation fût possible quand ils gonflaient l'évaluation conformément à l'intérêt du ministère. M. Beauregard a montré dans la séance du 27 mars 1901, une foule de fantaisies arbitraires en cette enquête.

On comptait les biens *occupés* comme s'ils étaient aux religieux : Or « aucun d'entre nous, dit M. Beauregard, n'a l'idée folle de compter dans sa fortune la maison dont il est le locataire.

Il y a 200 millions de ces biens dans votre total de 1 milliard » (1).

Mieux encore : « Et la colonne des hypothèques ! Je n'ai jamais vu non plus que lorsqu'on dresse le bilan d'une fortune, on comprenne parmi les biens, les hypothèques dont ils sont grevés. Généralement on le retranche, M. Trouillot les ajoute. Il y en a pour 234 millions. Cela fait déjà plus de 400 millions à retirer du milliard (2). »

Ce n'était pas encore assez d'« inexactitudes ». Voici qu'« on énumère dans l'enquête, des biens qui ont fait l'objet de décisions de justice, aujourd'hui définitives, et déclarant que ces biens n'ont pas le caractère des biens de congrégations »... « Mais ce qui devient presque charmant, c'est ce simple détail : vous trouvez dans l'enquête des biens des associations religieuses protestantes ou israélites (3). Ajoutons encore qu'on portait à l'actif des congréganistes 125 millions de biens « possédés indirectement ». Et la preuve ? Car après ce qui précède, quelle confiance peut-on accorder à l'enquête ?

Cependant, malgré tous ces coups de pouce, on n'atteignait pas encore le milliard demandé. C'est alors qu'intervient une idée géniale d'impudence. Une quatrième colonne est ouverte où l'on inscrit « *les biens à l'égard desquels la raison d'être de la taxe est encore indéterminée* ». « Il paraît, dit M. Beauregard, que cette colonne comprend « les biens à l'égard desquels on ne sait pas s'ils appartiennent à la congrégation, ou si la congrégation en est simplement locataire, *ou bien s'ils sont totalement étrangers à la congrégation* (4). » On en mit pour 295 millions, au petit bonheur, et du coup, le milliard se trouva bloucló. — Ouf ! ! !

C'est le comble ! ainsi, pour ameuter le pays contre les soi-disant richesses congréganistes, vous ne craignez pas de falsifier les chiffres en attribuant à vos victimes des biens que rien ne prouve être à elles, que tout, au contraire, indique ne pouvoir leur appartenir ! Quel nom donner à pareil procédé, sinon celui de mensonge, de calomnie ?

Au reste, tel fut le grand instrument, manié sous diverses

(1) *Journal officiel*. Séance du 27 mars 1901, p. 971.
(2) *Journal officiel*. Séance du 27 mars 1901, p. 971.
(3) *Journal officiel*. Séance du 27 mars 1901, p. 972.
(4) *Journal officiel*. Séance du 27 mars 1901, p. 971.

formes par les partisans du projet, durant toute la discussion, et plus d'une fois les rectifications indignées des calomniés auraient fait rougir, — s'ils le pouvaient encore, — le visage des cyniques accusateurs.

Cette discussion, nous n'en suivrons pas toutes les phases ; ce serait trop long. Qu'il suffise de dire qu'à plusieurs reprises, notamment par la bouche de M. Viviani, on déclara sans ambages, qu'en poursuivant les religieux, c'était à l'Église catholique tout entière qu'on en voulait, elle qu'on prétendait affaiblir pour la détruire ensuite plus facilement.

A signaler aussi les admirables condescendances de M. le Président du Conseil pour les socialistes. Dès que ceux-ci voient dans un article une menace possible contre leurs associations internationales, anticapitalistes, etc., ils somment le ministre de retirer ou d'amender l'article... et le ministre cède aussitôt, réservant sa froide intransigeance contre les religieux inoffensifs.

La loi votée à la Chambre le 29 mars fut envoyée au Sénat, et, en présence du monstre d'intolérance et d'imprécision qu'on lui présentait, on eût pu croire que la Haute Assemblée l'étudierait à loisir et l'améliorerait.

Que c'était mal connaitre nos sénateurs ! Avec une hâte indécente, la commission discute ou plutôt refuse de discuter le projet. Le 11 juin, commencent les débats où s'étale un parti pris révoltant. On force les adversaires de la loi à parler de longues heures sans consentir à leur accorder une suspension ou un renvoi de séance. On n'écoute pas leurs arguments. Bref, après une discussion haletante, inconvenante, folle, on vote le 23 juin l'étranglement de la liberté. 12 jours avaient suffi pour établir une loi de cette importance ! Il fallait toute l'intensité de la haine furibonde et maçonnique de ces vieillards contre la religion, pour réaliser cette suprême folie.

Bien entendu, la Chambre ratifia, et, le 28 juin, la loi d'iniquité était définitivement votée.

Bientôt une suite de décrets, émanés de M. Waldeck-Rousseau vinrent encore aggraver les dispositions déjà draconiennes de la dite Loi. Et ce n'est pas fini ! Chaque jour ramène une nouvelle surenchère de persécution, grâce à des interprétations fantaisistes, contradictoires.

Quelle situation est faite désormais aux Congrégations ? C'est ce que nous allons examiner, selon l'excellente méthode de M. Ch. de Meaux, c'est-à dire en mettant en regard les conditions d'existence des associations ordinaires. La mise hors la loi des congrégations ressortira mieux de la sorte.

CONDITIONS D'EXISTENCE. — DISSOLUTION.

ASSOCIATIONS	CONGRÉGATIONS
Les associations de personnes pourront se former *librement, sans autorisation préalable* (article 2). Toute association fondée sur une cause ou en vue d'un objet illicite, contraire aux lois, aux bonnes mœurs, ou qui aurait pour but de porter atteinte à l'intégrité du territoire national et à la forme républicaine du gouvernement est nulle et de nul effet (art. 3). En cas de nullité prévue par l'art. 3, la dissolution de l'association sera prononcée par le tribunal civil, etc. (art. 7). Les associations composées en majeure partie d'étrangers, celles ayant des administrateurs étrangers ou leur siège à l'étranger *et* dont les agissements seraient de nature soit à fausser les conditions normales du marché des valeurs et des marchandises, soit à menacer la sûreté intérieure ou extérieure de l'État pourront être dissoutes par décret du Président de la République rendu en conseil des ministres (art. 12).	Aucune congrégation religieuse ne peut se former *sans une autorisation donnée par la loi* qui déterminera les conditions de son établissement. Elle ne pourra fonder *aucun nouvel établissement* qu'en vertu d'un décret rendu en Conseil d'État. La dissolution de la congrégation ou la fermeture de tout établissement pourront être prononcées par le conseil des ministres (art. 13). Toute congrégation formée sans autorisation est déclaré illicite (art. 16).

PÉNALITÉS

ASSOCIATIONS	CONGRÉGATIONS
Seront punis d'une amende de 16 à 5.000 francs et d'un emprisonnement de six jours à un an, les *fondateurs, directeurs* ou *administrateurs* de l'association	*Ceux qui auront fait partie* d'une congrégation non autorisée seront punis d'une amende de 16 à 5.000 francs et d'un emprisonnement de six jours à un an.

qui se serait maintenue ou reconstituée illégalement après le jugement de dissolution (art. 8). Mêmes peines pour les *fondateurs, directeurs* ou *administrateurs* en cas de violation de l'article 12.	La peine applicable aux fondateurs ou administrateurs sera portée *au double* (art. 16).

Et maintenant, comparons :

Pour les citoyens ordinaires, liberté d'association pleine et complète. Aucune déclaration à faire, même pour s'associer entre Français et étrangers, et quel que soit l'objet poursuivi.

S'ils veulent acquérir la petite personnalité civile, c'est-à-dire une capacité de posséder, déjà assez étendue et celle d'ester en justice, il leur suffit d'une simple *déclaration* faisant connaître leur but, le siège des établissements, le nom des directeurs. Mais aucun besoin *d'autorisation.*

La dissolution ne peut être prononcée que par les tribunaux, après jugement, dans des cas bien définis, bien limités (art. 3 et 12). Une seule exception pour les associations comprenant des étrangers, qui peuvent être dissoutes par décret présidentiel, mais seulement à une double condition *simultanée :*

1° Qu'elles soient composées *en majeure partie* d'étrangers ou *dirigées* par des étrangers (comment le saura-t-on, puisqu'on n'a pas à déclarer le nom des associés, ni même celui des directeurs, à moins qu'on ne désire la petite personnalité civile ?).

2° Que leurs agissements soient de nature à compromettre la situation économique ou la sécurité du pays.

Que l'une ou l'autre de ces conditions vienne à manquer, le gouvernement ne peut agir directement.

En résumé :

Suppression de toute autorisation préalable ;

Dissolution possible seulement en des cas très précis et après jugement régulier.

Au contraire, les *Congréganistes,* si peu nombreux qu'ils soient, même s'ils sont tous Français, et alors que leur but est toujours charitable ou élevé, jamais dangereux, les *Congréganistes* sont assujettis à la plus dure des autorisations, à la plus difficile, à l'autorisation par une *Loi.*

Et cette Loi devra être votée par des députés notoirement

hostiles à toute religion, francs-maçons, sectaires à donner des nausées au pays honnête !

Un vrai comble ! Vous figurez-vous des catholiques fervents chargés d'autoriser les loges maçonniques ? C'est la même chose.

Est-ce tout ? Oh ! que non ! Chaque fois que la dite Congrégation, si péniblement autorisée, voudra fonder une nouvelle bonne œuvre : asile de vieillards, hôpital, etc., il lui faudra une autorisation nouvelle par décret rendu en Conseil d'Etat. On sait quelles interminables formalités entraînent ces demandes ; on sait aussi qu'étant donnés les sentiments antireligieux de ce corps illustre, la permission sera accordée rarement, sinon jamais.

Est-ce tout ? Pas le moins du monde. L'autorisation si péniblement obtenue donne-t-elle à la Congrégation quelque sécurité ? Aucune. Le gouvernement peut, à un moment quelconque, sans enquête, sans procès, sans jugement, dissoudre la dite communauté et fermer ses établissements. Et aucun recours possible, si ce n'est, comme l'a vilainement dit en se moquant M. Waldeck-Rousseau, la ressource de provoquer une interpellation !

Quand on persécute les gens, on devrait du moins avoir la pudeur de ne pas les moquer !

En résumé, les Congrégations sont exclues du droit commun : soumises à des autorisations souvent impossibles à obtenir, mais en revanche révocables au premier caprice.

Et les pénalités ! Pour les *citoyens ordinaires*, ils ne les encourent qu'après dissolution prononcée de leur association, s'ils tentent de la reconstiuer.

Les *Congréganistes* eux, les encourent *ipso facto*, par le seul fait du manque d'autorisation.

Plus fort : Pour les *citoyens ordinaires*, les fondateurs, directeurs ou administrateurs d'une association dissoute et qui essaierait de se reconstituer, sont seuls punis.

Les Congréganistes, eux, sont *tous* frappés de cette énorme peine, pouvant atteindre au gré des juges 5.000 francs d'amende et un an de prison. Quant aux fondateurs ou administrateurs, leur peine est doublée : 10.000 francs d'amende et deux ans de prison.

En sorte que nous pourrons voir, sous peu, d'admirables femmes coupables d'avoir continué sans autorisation à visiter les pauvres, à faire leur ménage, à panser leurs plaies, à consoler leurs douleurs, nous pourrons les voir, dis-je, condamnées à 5.000 ou 10.000 francs d'amende et à 1 ou 2 ans de prison !

C'est simplement abominable.

Est-ce tout ? Pas encore !

ENSEIGNEMENT

ASSOCIATIONS	CONGRÉGATIONS
Néant. Aucune restriction, même s'il s'agit d'une association socialiste, anarchiste, immorale, etc.	Art. 14. — Nul n'est admis à diriger, soit directement, soit par personne interposée, un établissement d'enseignement de quelque ordre qu'il soit, ni à y donner l'enseignement, s'il appartient à une Congrégation religieuse non autorisée. Les contrevenants seront punis des peines prévues par l'article 8, paragraphe 2. La fermeture de l'établissement pourra, en outre, être prononcée par le jugement de condamnation.

Grâce à ces dispositions libérales, Ravachol, s'il vivait encore, pourrait ouvrir école et enseigner la jeunesse. Un religieux quelconque, s'il appartient à une congrégation non autorisée, fut-il docteur ès-lettres, docteur ès-sciences ou même agrégé, y attraperait 5.000 francs d'amende et un an de prison.

BIENS MEUBLES ET IMMEUBLES

ASSOCIATIONS	CONGRÉGATIONS
Art. 6. — Toute Association régulièrement déclarée peut, sans aucune autorisation spéciale, ester en justice, acquérir à titre onéreux, posséder et administrer, en dehors des subventions de l'État, des départements et des communes : 1° Les cotisations de ses membres ou les sommes au moyen desquelles ces cotisations ont été redimées, ces sommes	Art. 15. — Toute Congrégation religieuse tient un état de ses recettes et des dépenses ; elle dresse chaque année le compte financier de l'année écoulée et l'état inventorié de ses biens meubles et immeubles. La liste complète de ses membres, mentionnant leur nom patronymique, ainsi que le nom sous lequel ils sont désignés dans la Congrégation, leur na-

ne pouvant être supérieures à 500 francs.

2° Le local destiné à l'administration de l'Association et à la réunion de ses membres.

3° Les immeubles strictement nécessaires à l'accomplissement du but qu'elle se propose.

Les Associations peuvent de plus obtenir la reconnaissance d'utilité publique qui leur permet de posséder des biens plus considérables, à quelques conditions il est vrai, mais sans l'insupportable inquisition qu'on fait peser sur les Congrégations.

tionalité, âge et lieu de naissance, la date de leur entrée, doit se trouver au siège de la Congrégation.

Celle-ci est tenue de présenter sans déplacement, sur toute réquisition du préfet, à lui-même ou à son délégué, les comptes, états et listes ci-dessus indiqués.

Seront punis des peines portées au paragraphe 2 de l'art. 8 les représentants ou directeurs d'une Congrégation qui auront fait des communications mensongères ou refusé d'obtempérer aux réquisitions du préfet dans les cas prévus par le présent article.

Les *citoyens ordinaires* associés peuvent donc sur une simple déclaration, posséder en commun les immeubles strictement nécessaires à l'accomplissement de leur but. Reconnue d'utilité publique, l'Association, en échange de certains avantages, subit une tutelle, non une servitude.

Les *Congréganistes*, eux, sont traités en voleurs ou recéleurs de leurs propres biens. Inquisitions préfectorales ; vérification méfiante et souvent vexatoire de tous les comptes, etc., rien n'y manque. Et à la clé, pour la moindre faute, l'amende pouvant s'élever à 5.000 francs, la prison pouvant monter à un an.

Mais enfin, ce sont donc des forçats, des repris de justice, ces gens-là ! Non, ce sont de pauvres femmes qui soignent les pauvres ou des hommes dévoués qui instruisent la jeunesse ou prient Dieu !

C'est abominable.

Il y a mieux encore ! Voici poindre la spoliation sous une première forme.

La loi annule tous actes entre vifs ou testamentaires, à titre onéreux ou gratuit, faits par personne interposée dans le but de soustraire les associations aux dispositions des articles 2, 6, 9, 11, 13, 14 et 16. — Mais ici intervient encore une aggravation odieuse contre les Congréganistes.

Pour les *citoyens ordinaires,* membres d'une association, ce qu'ils reçoivent par don, testament, ou ce qu'ils achètent, leur appartient en toute sécurité. Si un importun, ou le ministère public viennent prétendre que les dits citoyens sont personnes interposées en faveur de l'association, et que, par conséquent, le don reçu par eux est nul, c'est à l'accusateur de faire la preuve. C'est difficile, même au cas où il y aurait eu réellement personne interposée et, en pratique, une telle disposition restera lettre morte.

Ah ! mais pour le *congréganiste,* c'est autre chose. Il est supposé, de par la loi, personne interposée par rapport aux dons ou legs qu'il recevrait d'un autre que d'un ascendant en ligne directe. Ainsi, un frère lègue à sa sœur, religieuse, un immeuble de 50.000 francs. Si la dite religieuse ne peut *prouver* que c'est bien à elle que le défunt entendait donner, et non à la communauté, son legs peut en certains cas être supprimé ; et alors elle perd son immeuble, même si de fait il était parfaitement à elle.

Ainsi, contrairement à tous les principes de notre droit, la charge de faire la preuve de son innocence incombe au prévenu, quand il est un de ces parias de congréganistes ; au lieu que pour tout autre, c'est aux accusateurs à faire la preuve de la culpabilité. En d'autres termes, le citoyen ordinaire est supposé innocent jusqu'à ce qu'on ait démontré qu'il est coupable ; le congréganiste, lui, est supposé coupable, à moins qu'il n'établisse son innocence.

C'est l'odieux dans l'oppression !

Chose plus incroyable encore, cette inique présomption peut s'étendre quelquefois même à des personnes entièrement étrangères à la Congrégation, et possédant un immeuble occupé par cette Congrégation. De sorte qu'il pourra arriver et il arrivera que des laïques, propriétaires très réels de maisons occupées par des religieux, se verront *spoliés de leur propriété,* s'ils ne peuvent faire preuve de possession suffisante au gré des juges.

C'est d'une injustice révoltante !

Eh bien, cela paraissait trop doux à M. Waldeck-Rousseau et à ses chacals. Ils voulaient que les dits actes fussent nuls et les biens enlevés, même au cas où l'on pourrait faire la *preuve évidente* qu'ils étaient bien à leur propriétaire. Ce prodige d'iniquité ne fut rejeté qu'à douze voix de majorité !

N'est-ce pas déjà une honte que pareille proposition ait pu être faite et discutée dans une Chambre française ?

Ce serait encore méconnaître l'inextinguible haine de ces gens-là que de supposer qu'ils s'arrêteraient en si beau chemin.

Voici venir la spoliation toute crue.

MM. Waldeck-Rousseau et Trouillot la demandaient, prétendant que les biens des Congrégations étaient sans maîtres et revenaient en conséquence à l'État. C'est le raisonnement de *Bobèche* : « Cette malle *doit* être à nous. » Malheureusement pour nos *Bobèches,* un aussi grossier paralogisme excita l'indignation des jurisconsultes. Me Barboux en fit prompte et bonne justice, dans une consultation approuvée par un grand nombre d'anciens bâtonniers et d'avocats illustres. — Cependant les spoliateurs tinrent bon et il fallut, pour décider la Chambre à rejeter la *confiscation pure et simple,* que M. Lhopiteau, député radical, jusque-là aveuglément soumis au ministère, vint montrer qu'un pareil vote serait dangereux... pour la réélection des députés. — Cette noble considération emporta tout et finalement, malgré bien des péripéties et des retours offensifs désespérés des spoliateurs, la loi laissa la question en suspens. Après les restitutions nécessaires, notamment celle des sommes apportées par les religieux à leur entrée, les biens restant des Congrégations dissoutes seront répartis entre les « ayants droit ». Quels seront ces « ayants droit » ? il est évident pour les jurisconsultes que ce sont les anciens religieux, qui constituaient avant la loi, une société *de fait*. Mais allez compter sur la justice par le temps qui court ! Il est bien à craindre que les magistrats de M. Monis reçoivent des ordres et alors...

C'est assez dire le danger que courent les propriétés des Congrégations dissoutes. Pour moi, je n'en donnerais pas un sou par franc, tant je suis convaincu que le vol (c'est le vrai mot français) s'accomplira.

En résumé, nous voyons maintenant ce qu'est cette loi d'exception, de tyrannie, d'injustice, de spoliation.

Elle supprime, ou supprimera à bref délai, une grande partie des Congrégations, de celles en particulier qui sont le plus utiles à la France ; et, sans droit aucun, confisque leurs biens. Oppression, vol, antipatriotisme ! Elle réduit les autres, celles qui seront autorisées, à l'état de suspects, de parias, toujours sous le coup de la suppression, des inquisitions les plus vexatoires, de pénalités exorbitantes. Oppression, tyrannie !

Or, que sont ces hommes, ces femmes, si indignement traités ? (Car notez bien que la loi atteint autant les religieuses que les religieux). — De l'avis de tous les gens honnêtes, ils sont des bienfaiteurs de l'humanité.

Ecoutez Taine : « Des bienfaiteurs de l'humanité, des corvéables volontaires voués par leur propre choix à des besognes dangereuses, répugnantes, et, tout au moins, ingrates... Chez ces hommes, chez ces femmes... ce n'est plus l'amour de soi qui l'emporte sur l'amour des autres, c'est l'amour des autres qui l'emporte sur l'amour de soi. »

Jules Simon : « Les Sœurs ne se bornent pas à instruire les enfants pauvres, à donner des soins aux malades dans les hôpitaux, à visiter les infirmes à domicile. Ces humbles filles sont, comme on dit à présent, des pionniers de la civilisation. — Elles. propagent au loin le nom français et le font aimer. »

Xavier de Montépin : « Les religieuses dans les hôpitaux, c'est la charité, l'abnégation, le dévouement sans bornes, l'incarnation des plus touchantes, des plus sublimes vertus... Ces saintes filles sont si grandes, si pures, que leurs implacables ennemis n'ont pas même osé les calomnier. »

Maxime du Camp parlant des Frères de Saint-Jean de Dieu : « Nul laïque, ni pour or, ni pour argent, ne consentirait à faire un métier pareil. »

Le docteur Ricord parlant des Frères de la Doctrine chrétienne : « Je n'aurais jamais cru qu'on pût trouver pareil dévouement chez des hommes. »

Le docteur Desprès et ses collègues de la *Charité :* « La vie de la religieuse d'hôpital est au-dessus de tout éloge. »

Voilà ceux que l'on traite en parias !

Et leurs services dans les missions ! Innombrables sont à cet égard les témoignages en faveur de *tous* nos religieux, spécialement des plus haïs, je veux dire des jésuites.

« Je les proclame bons patriotes », s'écrie M. Constans.

« Ils sont bien plus Français que beaucoup de Français en France », avoue un Anglais.

« Les Jésuites de Beyrouth sont Français et travaillent pour la France. » (Larroumet.)

Nos religieux sont « désintéressés et courageux jusqu'à l'héroïsme », — « le jour où la France les abandonnerait, c'en serait fait de son prestige dans tout l'Orient. » (Constans.)

« Ils montrent un dévouement absolu pour le nom français.» (Douville-Maillefeu.)

Voilà ceux qu'on traite en parias !

Et avec quel danger pour la France ! Car on n'en peut douter, la persécution actuelle, comme celle de 1880, et bien plus encore, retentira dans les missions. Elle fournit des armes à nos adversaires ; elle fera pis, en empêchant le recrutement des missionnaires français. Les jésuites français, par exemple, privés de leurs collèges et de leurs chaires qui les faisaient connaître, cesseront de trouver des novices en nombre suffisant. Dès lors, leurs grands établissements d'Orient et d'Extrême-Orient devront être confiés à des religieux du même ordre, mais étrangers, anglais, allemands, etc., etc. On voit assez le détriment qui en résultera pour notre patrie !

C'est cette considération qui a inspiré au cours de la discussion de la loi, la lettre ci-dessous, adressée au président de la Commission et signée de savants de toutes sortes, dont plusieurs protestants.

Monsieur le Président,

« Sans prétendre discuter ici le projet de loi sur le droit d'association et, tout en gardant à cet égard chacun notre liberté, nous croyons devoir vous soumettre quelques réflexions que nous suggèrent les inquiétudes de notre patriotisme. Nous plaçant au-dessus des luttes de partis et des rivalités confessionnelles, nous n'avons en vue ici qu'un seul intérêt, celui de la France et de la grandeur française.

« Nous sommes des adversaires résolus de toute immixtion des Ordres religieux dans la politique et nous condamnons énergiquement toute tentative de leur part pour sortir de leur rôle qui est un rôle d'enseignement et de charité ; mais nous n'admettons pas davantage que la législation interdise ou paralyse leur action au dehors, soit directement en les supprimant, soit indirectement en leur enlevant les ressources indispensables et en leur rendant tout recrutement impossible.

« La France a la juste ambition de maintenir, et, si faire se peut, d'étendre son influence dans le monde. Or, s'il n'est pas exact qu'en Orient, en Chine, en Afrique les missionnaires soient les seuls défenseurs et propagateurs de la langue et de l'influence françaises, ils sont sans conteste les plus en vue et les plus nombreux. Grâce à eux et au « protectorat catholique », dont ils sont les agents naturels, la France avait gardé, de son glorieux passé, une primauté justement enviée de ses rivaux. Cette primauté séculaire, ce protectorat convoité de l'étranger, la France va-t-elle s'en dépouiller elle-même en frappant, de ses mains, les instruments traditionnels et nécessaires ? Nous ne saurions perdre de vue que cet antique héritage, des compétiteurs jaloux de nos prérogatives s'apprêtent à se le partager, si nous ne savons veiller sur lui. Nous avions déjà peine à le maintenir intact, en face des menées de nos concurrents. Anglais, Américains, Allemands, Italiens, Russes même, soutiennent de leur argent et de leur influence comme un précieux agent d'expansion morale ou matérielle, leurs missionnaires d'Orient. En ce temps de compétition universelle, la France, qui restait à cet égard privilégiée entre les nations, doit-elle désarmer ceux qui luttent au loin pour elle ?

« Nous savons que le projet de loi en discussion épargne les Congrégations reconnues. Mais il ne nous est pas permis d'oublier que les Congrégations non reconnues, aujourd'hui menacées de dissolution, sont souvent celles qui nous rendent au dehors les services les plus éclatants. Nous joignons à cette lettre une liste incomplète de leurs établissements à l'étranger ; beaucoup sont d'une importance considérable. En Syrie, par exemple, l'Université de Beyrouth, citadelle de l'influence française dans le Levant, et l'école biblique de Saint-Etienne à Jérusalem, centres d'études ouverts aux savants de toute religion et de toute nationalité, appartiennent toutes deux à des Congrégations non autorisées. La chute de pareils établissements frapperait au cœur l'influence française.

« Telles sont, Monsieur le Président, les réflexions que nous soumettons respectueusement aux membres du Parlement, en dehors de toute aspiration de parti, en esprits libres, convaincus que le souci de la grandeur du pays doit dominer toutes les discussions parlementaires et toutes les dissidences politiques ou religieuses.

« Veuillez, Monsieur le Président, agréer l'assurance de notre haute considération. »

Ont signé : « MM. BARTHE, *membre de l'Institut*; BONNET-MAURY, *professeur à la Faculté de théologie de l'Université de Paris ;* GEBHART, *membre de l'Institut ;* ANATOLE LEROY-BEAULIEU, *membre de l'Institut ;* PAUL MELOU, *membre du Conseil supérieur des Colonies ;* PAUL MEYER, *membre de l'Institut ;* MAUREL-FATIO, *professeur au Collège de France ;* GEORGES PICOT, *secrétaire perpétuel de l'Académie des sciences morales et politiques ;* P. ROYER-COLLARD ; A. SABATIER, *directeur-adjoint de l'École des Hautes-Études ;* SCHLUMBERGER, *membre de l'Institut ;* STOURM, *membre de l'Institut ;* SULLY-PRUDHOMME, *de l'Académie française ;* TARDE, *membre de l'Institut ;* VAUCHER, *professeur à la Faculté de théologie de l'Université de Paris.* »

La loi d'injustice est donc aussi une loi antipatriotique, ce qui ne saurait nous étonner, étant donnée l'ardeur des antipatriotes à la faire voter.

Resterait à en dire l'application. Déjà des centaines de religieux ou de religieuses ont quitté la France plutôt que d'accepter des conditions qu'ils jugent incompatibles avec leurs droits de citoyens et la continuation de leurs œuvres de charité, d'enseignement, de prières. — On ne s'en étonnera pas, maintenant que l'on sait sous quel régime d'inquisition, de suspicion, d'incertitude à l'égard du lendemain, vont vivre désormais les autorisés.

D'autres, ne pouvant s'expatrier, se sont soumis à la loi en se dispersant, en cessant de vivre en communauté. Et néanmoins on a commencé depuis quelques semaines à les traquer, sous l'absurde prétexte qu'ils avaient contrevenu à la loi en prêchant dans les paroisses. C'est fantastique ! Ainsi ces hommes auraient reconstitué une congrégation dissoute en montant, des jours différents, à des heures différentes, dans les chaires d'une dizaine d'églises de Paris et de la province ! — Ce comble de ridicule montre dans quel esprit on veut appliquer cette législation draconienne : dans un esprit à la fois grotesque, illogique et malfaisant. C'est bien ce qu'on attendait !

Enfin, beaucoup de religieux ont sollicité l'autorisation. L'obtiendront-ils ? Il nous paraît fort à craindre que non, si nous possédons, après les élections, une Chambre analogue à l'ancienne. Il n'y a qu'à écouter les déclarations des sectaires ministériels ou à lire leurs articles de journaux. Déjà M. Viviani et son groupe déclarent que « cette autorisation n'est pas possible en droit ; autoriser une congrégation, c'est reconnaître des vœux et les vœux n'ont plus de sanction civile depuis la Révolution ». Il ajoute que l'État doit supprimer purement et simplement les Congrégations et s'emparer de leurs biens.

Et voici un autre aveu qui n'est pas moins significatif, vu qu'il émane de M. Louis Bonnet, secrétaire du Comité exécutif radical socialiste de Paris, lumière du Grand-Orient. Il écrit :

« La loi n'est que la première étape de la lutte contre la Congrégation ; demain, on se trouvera en présence des Congrégations autorisées et il faudra en finir avec elles... Nous voulons, nous devons reprendre l'œuvre de la Constituante, supprimer les Congrégations autorisées, leur arracher l'enseignement de la jeunesse française... il faut abroger la loi Falloux, retirer à toutes les Congrégations religieuses le droit d'enseigner, le confier à l'État... c'est là le point essentiel de notre programme. »

C'est déjà à la réalisation de ce programme que s'emploie M. Leygues, ministre de l'instruction publique. Par des circulaires en contradiction flagrante avec les promesses ou les déclarations de M. Waldeck-Rousseau, il s'efforce, en ce moment, d'étrangler les écoles libres primaires, en leur appliquant indûment un article de la loi d'association. Le Conseil d'Etat consulté s'est fait complice de cette besogne. En sorte que l'on peut craindre de voir, par le jeu de cette loi maudite, disparaître tout ou partie des écoles libres de France.

Partisans de la liberté d'enseignement et de la liberté de conscience, laisserez-vous accomplir ce nouvel attentat ?

Quant à la liberté d'enseignement secondaire, les sectaires, trouvant en la Commission de la Chambre et en M. Ribot, un obstacle à leurs projets jacobins, se sont adressés aux *caïmans* plus dociles et toujours affamés. Le projet Béraud introduisant le stage scolaire de trois ans, et tuant par surcroît les établissements libres, est à l'étude. La commission du Sénat l'a traité avec le sans-gêne dont on avait fait preuve en mai 1901 pour les associations. Nul doute que si l'orientation de la politique ne change pas aux élections, la liberté d'enseignement ne soit étranglée à son tour.

En somme, catholiques et libéraux qui lisez ceci, dites-vous bien que si les élections sont mauvaises, vous verrez :

1° S'accentuer la guerre religieuse ;

2° Enlever toute liberté de conscience aux pauvres, aux fonctionnaires, à tous ceux qui dépendent le moins du monde de l'Etat ;

3° Disparaître le peu qui reste de la liberté d'enseignement, en sorte que vous devrez confier votre trésor, vos enfants, à des instituteurs, à des professeurs qui leur donneront une éducation en opposition avec vos croyances les plus chères ;

4° Appliquer avec une férocité croissante la loi d'association, refuser les autorisations, et, par suite, jeter sur le pavé vos parents, parentes, amis entrés en religion (les religieuses comme les religieux);

5° Supprimer la plus grande partie des Congrégations autorisées;

6° Supprimer le budget des cultes, l'ambassade du Vatican, — dénoncer le Concordat, abandonner notre protectorat en Orient, en Extrême-Orient qui ne vit que par les religieux (non autorisés pour la plupart), — sans compter bien d'autres vexations.

Voilà pourquoi je vous le crie au nom de la France : Electeurs, *il faut choisir,* entre le député ministériel qui amènera tous ces maux, et le député libéral qui rendra à tous *la Liberté.*

Il faut choisir !

FINANCES ET JUSTICE

« Nous marchons à la banqueroute, disait en août 1901 l'*Aurore*... Toutes les révolutions commencent par la banqueroute... La Révolution de l'autre siècle a commencé par la banqueroute. La Banqueroute sera de même le premier incident de la Révolution prochaine. »

Au début de la même année, M. Antonin Dubost, rapporteur général du budget de 1901, avouait que « nos dépenses s'accroissent plus vite que nos ressources. Et pour couvrir nos dépenses, nous sommes obligés de recourir à l'emprunt, nous vivons d'emprunts ou d'expédients de même nature. »

En octobre 1901, le *Temps*, journal ministériel, à l'occasion d'une moins-value d'impôts de 20 millions, pour le mois de septembre, appelait cette année 1901, « l'année financièrement maudite, dont chaque mois creusait le gouffre un peu plus ; » il constatait « le déficit à l'état pur, le déficit dans toute sa hideur et avec toutes ses menaces ».

En effet, le déficit total des recettes de 1901 sur les prévisions budgétaires, c'est-à-dire sur ce qui était indispensable pour faire honneur aux dépenses, *ce déficit total a été de plus de 111 millions*.

Sur ce chiffre, la diminution des droits d'enregistrement par rapport à l'année précédente est de 22 millions 1/2. Or cet impôt est considéré par les économistes comme un des meilleurs thermomètres de la prospérité publique. C'est dire que celle-ci est à la glace.

Quant à M. Caillaux, il est à la gêne ; si bien qu'il n'a pas craint de dire à la Chambre : « L'encaisse a diminué de 300 millions depuis un an et je me trouve dans une situation qui ne me permet plus de traverser les mois d'hiver. »

De fait, on s'en est aperçu. Des officiers, des magistrats, des garçons de bureau se sont vu refuser tout ou partie de leur traitement, la caisse se trouvant à sec.

Donc, et malgré le discours optimiste de M. le ministre des

finances, que la Chambre a fait afficher sur nos murs aux frais du contribuable, — trop riche apparemment — nos finances sont dans une mauvaise situation.

Faut-il en faire porter *toute la faute* au Ministère? Non, ce ne serait pas juste, car il y a une part de responsabilité qui retombe sur d'autres. Il n'en reste pas moins que sa responsabilité et celle de la Chambre qui le soutient si obstinément, sont sérieusement engagées en cette affaire.

La Chambre d'abord, puisque c'est surtout d'elle qu'il s'agit, à propos d'élections. M. Ribot a démontré, dans son discours du 5 décembre 1901, que la législature actuelle avait accru nos dépenses de 250 millions. En effet, le budget de 1898, voté par la Chambre précédente était de 3.299 millions ; celui de 1902 sera de 3.549 millions. Est-ce une manière de faire des économies que d'augmenter, en quatre ans, nos dépenses d'un quart de milliard ! — Ajoutons que l'on vient de voter, ces jours-ci, 600 millions de travaux à exécuter. — 600 millions ! Ciel ! où les prendrez-vous ? Mais il faut bien se faire, fût-ce aux dépens du pays, — une réclame électorale !

Passons aux atteintes indirectes portées à nos finances. Plusieurs lois votées ou amorcées par les députés, sur la demande et grâce aux efforts du ministère, vont avoir des contre-coups funestes. La loi contre les congrégations est grosse d'augmentations de dépenses considérables, car il faudra secourir, à grands frais, — quoique mal, — une foule d'indigents soignés pour rien, — et bien, — par ces associations dévouées. — La campagne qui commence contre les écoles libres et qui, — on peut en être sûr — sera menée avec une haine vigoureuse, risque de faire retomber sur les bras du budget l'instruction d'une foule d'enfants, qui jusqu'ici, ne lui coûtaient rien. Enfin, nous savons par de nombreuses protestations d'ouvriers, que le départ des religieux ou la gêne dans laquelle ils vont vivre désormais, auront un douloureux retentissement sur les travaux qu'ils faisaient exécuter et, par conséquent, sur la richesse publique.

Passons à la loi sur la réduction des heures de travail dans les mines. S'il faut en croire les hommes compétents, cette réduction accordée aux mineurs, *sous la pression de la peur*, par le gouvernement et la Chambre, aura de déplorables conséquences pour la production nationale, — d'autant plus que ce n'est pas fini et qu'après les mineurs, d'autres viendront réclamer le bénéfice de la même mesure.

Il y a encore la loi sur les retraites ouvrières dont l'effet sera de grever d'une nouvelle charge tous les contribuables au profit de quelques-uns.

Ne parlons pas de la loi sur les boissons, bâclée sans prévoyance par ce ministère et qui a déjà donné, — c'est le cas de le dire, — tant de déboires.

Mais ce qui domine tout dans l'œuvre du cabinet, sa grande faute financière, c'est le découragement, la frayeur produite dans l'industrie et dans le monde volage des capitaux, par ses tendances socialistes toujours plus accusées. « En voyant les socialistes au gouvernement, dit en octobre 1901 le *Journal des Débats,* tout le monde appréhende les élections, et l'incertitude à ce sujet remplit les esprits d'anxiété. Jamais la sécurité du lendemain n'a été moindre qu'aujourd'hui. On se demande où l'on va, on sait seulement qu'on va à la dérive, sans direction déterminée et au hasard des courants qui se produisent tantôt dans un sens et tantôt dans un autre. En pareil cas, les cordons de la bourse se resserrent tout seuls... « Si le pays renvoie au Palais-Bourbon la même Chambre, ou s'il en élit une pire, les maux dont nous ne voyons aujourd'hui que les premiers symptômes s'aggraveront d'une manière effrayante et alors on commencera à voir clairement où nous allons. »

M. Méline, dans son beau discours de Remiremont, le 28 avril 1901, après avoir montré les pertes énormes subies par le pays à l'occasion des grèves innombrables qui ont marqué ce ministère, grâce à ses complaisances pour les gréviculteurs, ajoutait :

« Il y a enfin une autre perte indirecte qu'il n'est pas possible de chiffrer, mais qui est peut-être plus considérable, plus effrayante que toutes les autres. Cette guerre sans merci et sans justice faite aux patrons, aux meilleurs patrons bien souvent... tue la confiance dans le lendemain si indispensable au développement de l'industrie et ruine l'esprit d'entreprise.

« Personne ne veut plus entrer dans l'industrie ; les capitaux effrayés émigrent à l'étranger pour y trouver des placements tranquilles et refusent de s'aventurer en France dans la création d'établissements industriels perpétuellement menacés.

« La diminution du rendement des impôts est un premier symptôme de cet état des esprits... le jour où la France sera appauvrie par l'exode des capitaux, on verra bien vite le travail diminuer et les salaires baisser...

« Je dis que nous avons le droit de demander compte au gouvernement de ces ruines, de ces misères, de cet état de guerre sociale et d'anarchie industrielle qui est encore plus désastreux pour les ouvriers que pour les patrons.

« Car c'est lui qui en a toute la responsabilité pour avoir livré la direction du ministère, en matière économique, à l'influence directe du chef même du collectivisme. »

M. Renault-Morlière parle de même à Troyes :

« Il y a certainement parmi vous des hommes d'affaires. Voyons ? Est-ce que tout le monde n'est pas frappé depuis quelque temps du ralentissement des affaires ? (Cris : Si, si.)

« Comment voulez-vous qu'il en soit autrement ?

« Comment ! tous les jours, on prévient les propriétaires qu'on va leur prendre leurs propriétés ; tous les jours, on dit aux capitalistes : il faut prendre l'argent où il est et comme vous avez de l'argent, c'est chez vous que nous le prendrons ! Tous les jours on dit aux patrons : Vous êtes trop riches, vous pouvez payer : nous allons soulever une foule de difficultés ; cela vous coûtera quelques billets de mille francs par an de plus, cela nous est indifférent. Le résultat, c'est que personne ne risque plus son argent.

« On vous prévenait tout à l'heure que je ferais allusion à la fuite des capitaux à l'étranger. C'est vrai ; et vous avez beau leur chanter une petite chanson patriotique comme on l'a fait l'autre jour à la Chambre, vous ne les ferez pas revenir. »

M. Ribot exprime les mêmes inquiétudes, en finissant son discours du 5 décembre 1901 à la Chambre, et indique brièvement, mais fortement, comment la politique générale du ministère est cause de ce « malaise », de cette « diminution de l'esprit d'entreprise ».

Hélas ! les chiffres ne confirment que trop ces craintes patriotiques. A la fin de 1901, les dépôts de la Caisse d'épargne accusaient une diminution de 7.273.916 francs et de 6.787 déposants.

Les opérations de la Banque de France marquent la même tendance au milieu de la dite année 1901.

Chose plus grave, un gros banquier de Lyon, occupant à Paris une haute situation politique, racontait à cette époque qu'il estimait à *deux milliards* les sommes qui, depuis dix-huit mois, avaient émigré de la région lyonnaise à l'étranger.

Telle est la situation financière actuelle, non pas désespérée, mais compromise. — La conclusion est la suivante :

Risquer encore quatre années de ces folles augmentations de dépenses et surtout de ces tendances socialistes qui effraient capitaux et industriels, ce serait faire sur la France même, sur sa fortune et son crédit, une expérience effroyablement dangereuse.

Electeurs, à vous de choisir entre le candidat du *ministère Millerand* et les hommes d'ordre, de paix sociale, d'économies financières. Entre ces deux formules :

Il faut choisir !

Ce que nous venons de dire des finances, il faut le répéter avec plus d'angoisse encore au sujet de l'administration de la justice.

Car il est impossible de le nier, des soupçons, trop justifiés, hélas ! par plusieurs incidents déplorables, planent sur la manière dont sont rendus les arrêts. Il semble, de plus en plus, que la politique soit dressée devant le prétoire et dicte au juge d'un geste impérieux les services qu'on attend de lui.

La Haute Cour, dont nous avons parlé au début, a donné la première ce lugubre exemple. Des juges politiques, voilà ceux qui ont siégé en cette assemblée. Ils n'ont pas écouté les interrogatoires ; pas assisté aux dépositions des témoins ; pas entendu les réponses des avocats, pas soupesé ni même connu (ou plutôt, je me trompe, ils ont trop connu) la valeur morale des « casseroles » anonymes, seuls et vrais accusateurs. De là, est résulté, au début du « Règne » actuel, une immense forfaiture juridique qui l'a lourdement stigmatisé.

Puis est venu l'affaire des Assomptionnistes, avec les étranges communications défavorables aux accusés, faites à la presse ministérielle par la police ou la magistrature. Au reste, c'est un procédé qui se généralise : les procureurs, les juges d'instruction se laissent interviewer, bavardent sur l'affaire à eux confiée. On sait les résultats de ces indiscrétions.

Rappelons encore les récompenses accordées au juge et au

procureur, chargés d'opérer contre le frère Flamidien. Après les scènes de torture morale infligée au prévenu, après les illégalités et les maladresses de procédure, les décorer pour cela, a dit M. Julien Dumas, même dans les temps présents, ce n'est pas assez comme punition. — Mais il faut bien encourager à poursuivre ferme les curés et les religieux !

Lui aussi, le juge de l'abbé Santol eut de l'avancement immédiat ; avancement au procureur général après le bon travail de la Haute Cour ; avancement à M. Bulot pour la même cause. Aussi, ce dernier qui n'est pas un ingrat, traçait-il en ces termes leur devoir à ses subordonnés, lors de son entrée en charge :

« Les membres du Parquet ne doivent pas oublier que s'ils sont magistrats, ils sont ici les représentants du gouvernement et qu'à ce titre, il peut exiger d'eux un dévouement absolu aux institutions républicaines. » L'*Éclair* dit à cette occasion :

« Le discours effronté que M. Bulot a prononcé à la rentrée des Cours et Tribunaux a scandalisé même le *Temps*. Ce magistrat, qui s'est fait des devoirs de l'homme qui rend la justice la plus humiliante des opinions, n'a pas craint de proclamer que la magistrature devait être la servante haineuse du pouvoir. Cette conception lui mérite, dans un organe qu'on ne dira pas systématiquement hostile à la politique dont ce personnage est le complaisant, une verte volée de bois vert. D'aucuns de ses collègues pourront de ces étrivières prendre leur bonne part. Le *Temps* dit :

« La politique, même celle que nous estimons être la meilleure, ne peut entrer nulle part sans y faire entrer son esprit. Or, cet esprit qui est à sa place au Parlement et dans les journaux ne pourrait pénétrer dans l'armée sans y détruire l'unité et la discipline, ni s'installer dans le prétoire sans faire descendre les magistrats de leur mission d'arbitres au rôle de combattants. »

Un joli échantillon de ce qu'est devenu l'exercice de la justice aux mains du ministère, c'est le procès de la veuve Henry contre M. Joseph Reinach. On sait que celui-ci ayant attaqué le colonel Henry, sa veuve le poursuivit pour venger la mémoire de son mari. Pendant près d'un an M. Reinach se déroba dans le fameux maquis de la procédure. Son adversaire tenait bon et le dépistait de tous les fourrés. Heureusement le gouvernement veillait. On s'avisa qu'un projet d'amnistie était déposé, et que *si ce projet passait,* il couvrirait le fait incriminé. C'était faux, car une amnistie, pour être juste, ne peut abandonner que les droits du ministère public ; elle ne peut retirer aux particuliers les moyens de recouvrer leur honheur. Mais bah ! la justice ! il s'agit bien de cela !

De plus (seconde monstruosité), où irait-on, si on suspendait l'exercice du droit actuel des citoyens sous prétexte qu'un jour, *plus tard,* une loi pourrait bien être votée qui leur enlèverait ce droit !

Quoi qu'il en soit, on traîna ainsi la malheureuse veuve jusqu'au vote de l'amnistie qui n'eut lieu qu'un an après, et lui enleva, contre toute justice, la faculté de continuer sa poursuite au criminel. Aussitôt, elle poursuivit au civil. Il ne devait plus y avoir d'échappatoires. Mais si. Il suffit de renvoyer l'affaire chaque fois qu'elle se présente. C'est ce qui vient encore d'être fait, le 5 février dernier. Les débats sont remis au 28 mai 1902, *après les élections.*

Et voilà comment en France, sous le ministère Waldeck, les adversaires du gouvernement obtiennent justice ! Mais ses amis ! Ah ! ses amis. Écoutez un peu :

La *Libre Parole* parle irrévérencieusement de la balle de M. Labori, elle est jugée et condamnée sans répit. M. Lepelletier poursuivi par MM. Picquart et Reinach (le même !), demande en vain qu'on renvoie sa cause après le procès Henry. — Refus — on le juge tout de suite, car, au demeurant, on savait bien que la date demandée par lui équivalait aux calendes grecques.

M. Picquart attaque le journal *Le Jour,* son procès est appelé immédiatement. Il lui est octroyé 30.000 francs de dommages-intérêts et par surcroît, ses adversaires verseront 2.000 francs d'amende, feront un mois et six mois de prison et paieront 60 insertions du jugement, sans que le coût de chacune d'elles puisse dépasser 200 francs. Cela fait déjà la somme rondelette de 12.000 francs. Notez bien que *pour aucun de ces procès,* on ne songea à opposer le fameux projet d'amnistie.

Et voilà comment en France, sous le ministère Waldeck, la justice est égale pour tous !

Actuellement, si vous êtes nationaliste, ou antidreyfusard de marque, ou religieux, ou curé, et que l'on vous accuse de quelque méfait, faites comme disait ce vieux magistrat : « Si l'on m'accusait d'avoir volé les tours de Notre-Dame, je m'enfuierais. »

Sinon, vous risquez de ne pas vous en tirer, à moins de cinq ou six mois de prison préventive. Que si au contraire, vous êtes anarchiste ou franc-maçon, bien anticlérical, allez-y carrément. L'assassin du petit Foveau de Lille court encore. Les incendiaires de l'église d'Aubervilliers sont libres comme l'air. Les pillards de l'église Saint-Joseph sont amnistiés, tout comme le célèbre Arton, tout comme le général italien Giletta qui n'avait fait, — le brave et digne homme — qu'espionner nos frontières et mettre en péril la défense des Alpes ; tout comme Dreyfus lui-même !

Nous venons de parler d'amnistie : un mot seulement de cette comédie sinistre. Présentée pour empêcher toute reprise de l'affaire Dreyfus, rien ne prouvait qu'elle aurait vraiment cet effet. — En revanche, elle assurait contre toute poursuite criminelle ceux qui avaient tripoté dans cette cuisine louche. Des cœurs généreux proposèrent de profiter de l'occasion pour étendre l'amnistie aux condamnés de la Haute Cour. Ils n'obtinrent de M. Waldeck-Rousseau que ces mots de tranchante ironie, — celle qu'il réserve aux adversaires enchaînés et inoffensifs — : « Avez-vous reçu des confidences de repentir auxquelles nous n'avons pas été admis ?... On ne donne pas l'amnistie à ceux qui menacent et qui l'attendent comme on attend des excuses. »

Ah ! monsieur le Président du Conseil quand vous avez gracié Dreyfus, avec cette hâte fébrile qui désavouait la sentence rendue, aviez-vous donc reçu des confidences de repentir ? La France, elle, la pauvre victime, n'en a jamais rien su !

Si M. Waldeck refusait l'amnistie à Déroulède, il l'accorda sans difficultés aux pillards de l'église Saint-Joseph ; de sorte que l'on put voir cette anomalie qui scandalisait les juristes du Sénat : les condamnés de droit commun graciés, les condamnés politiques impardonnés !

Il y eut encore une autre catégorie de malfaiteurs exceptée : les Assomptionnistes, pionniers de la civilisation et de l'influence française en Orient. C'était prévu. Un religieux est autrement dangereux qu'un anarchiste. Qui l'ignore ? Ce n'est pas M. Waldeck !

Voilà quelques-unes des fantaisies qui se passent dans le domaine judiciaire ou dans sa banlieue. Un mot les résume : c'est la politique, — et quelle politique ! — introduite au prétoire. C'est la justice devenue instrument d'oppression et de faveur.

Le mal n'est pas encore général ; il est cependant, à notre avis, bien plus étendu qu'on ne le voit. En tout cas, on ne peut le nier, le prestige de la justice est atteint en France. Chacun soupçonne, et beaucoup disent tout haut, — avec des faits à l'appui, — que sous le magistrat, perce de plus en plus l'homme politique, le fonctionnaire aux ordres du parti régnant.

A vous de dire, Électeurs, si cela vous convient ; à vous de choisir entre cette conception ministérielle de la justice et la vraie, la sereine idée qu'en avaient conçue nos pères : une magistrature fière, sereine, indépendante, occupée uniquement de son devoir, jamais de ses intérêts.

A vous de choisir !

CONCLUSION

Et maintenant, Electeurs, vous êtes éclairés.

Vous savez ce qu'est la politique du ministère et ce qu'elle sera à l'avenir, s'il reste au pouvoir : c'est-à-dire si vous élisez le candidat ministériel, si vous ne faites pas *tous vos efforts* pour faire élire le candidat opposé.

— Le ministère est né de l'affaire Dreyfus : pour faire acquitter l'accusé, si c'était possible ; du moins pour le venger.

On a imaginé pour cela la lugubre comédie de la Haute Cour, où après d'incroyables irrégularités de justice, cinq Français ont été bannis pour raison purement politique, sur des racontars absurdes et ridicules.

Puis est venu le *chambardement* de l'armée, annoncé par Reinach, commencé par Galiffet, achevé par André : Déplacements des chefs nécessaires à la défense nationale ; mise à pied des officiers qui déplaisaient, ou du moins retards ou refus d'avancement pour ceux-là ; méfiance semée à plaisir dans les rangs et amenant bientôt les premiers symptômes d'indiscipline ; campagne antimilitariste et antipatriotique intense, menée par ces socialistes dont le gouvernement fait ses candidats officiels, campagne d'ailleurs encouragée par la connivence ou la faiblesse du dit gouvernement ; le cri de « *Vive l'armée !* » devenu séditieux ; celui de « A bas l'armée ! » s'unissant aux acclamations en l'honneur des ministres.

— En revanche, triomphe du socialisme. Son chef, son homme d'affaires, au pouvoir, et déclarant qu'il y est pour faire le jeu de son parti, c'est-à-dire pour détruire la propriété ; drapeau rouge déployé ; grèves multipliées et revêtues d'un caractère tout spécial ; les mineurs traitant avec le gouvernement et lui imposant leurs conditions par la crainte ; les ministres accueillis aux cris de « *Vive la Sociale !* » et en souriant avec grâce.

— Au contraire, lutte sauvage contre la religion de la majorité des Français : inquisitions ; délations ; refus de secours aux pauvres dont les enfants vont à l'école libre ; loi inique d'association, qui transforme des citoyens inoffensifs, de nobles femmes, en parias ; qui menace de faire sombrer, par contre-coup, notre protectorat d'Orient ; autre loi à l'horizon, menaçant d'abolir la liberté d'enseignement et d'obliger les parents à faire élever leurs enfants contre leur gré.

— Finances déplorablement menées ; industrie et confiance des capitaux ébranlées par les grèves et les complaisances socialistes du pouvoir.

— Justice suspectée ; inégale pour les amis et les adversaires du gouvernement. A ceux-ci, cette justice refuse de les écouter, et renvoie leurs procès aux calendes grecques. A ceux-là, gras dommages-intérêts, servis chauds, à l'instant.

Voilà, en raccourci, le tableau que nous avons déroulé dans ces pages, devant vos yeux, Electeurs, *afin que vous puissiez choisir*.

Le député ministériel, c'est cela continué et bien pis encore dans l'avenir. Car si nous élisons une Chambre comme l'ancienne, le mouvement s'accélérera : mouvement dreyfusard accéléré ; — mouvement antimilitariste accéléré ; — mouvement antireligieux accéléré ; — mouvement socialiste accéléré.

Accélérés, jusqu'à la culbute dans l'abîme.

Et maintenant, choisissez !

TABLE DES MATIÈRES

571-02. — Imprimerie F. Blétit, 10, rue La Fontaine, Paris.

www.ingramcontent.com/pod-product-compliance
Lightning Source LLC
LaVergne TN
LVHW020409230826
846091LV00004B/1217

9782013661263